Champagne
Dom Pérignon

明けない夜はないって言うけど、
夜が明けるまでの過ごし方を
誰も教えてくれない。

きほ

イマジカインフォス

はじめに

「明けない夜はない」っていう言葉がある。

そうなのかもしれない。いや、そうなんだと思う。でも、今の私たちに必要なのは、〝この夜〟をどう乗り越えるか、朝が来るまでの時間をどうやり過ごすか。知りたいのはそれなのに、〝大人たち〟は誰もそれに答えてはくれない。

だから、私たちが朝を迎えるための言葉を、私なりに集めてみました。

今、東京で、20代を生きる私たちの。そして、世界中にいる〝明けない夜〟を過ごしているたくさんの人たちのための。

＊　＊　＊

「東京は怖い」泣きながらそう言って、彼女は地元の街へ帰っていった。

その子が弱かったとか実力がなかったとかは、まったく思わない。ただ、「あの夜をやり過ごせていたら、もしかしたらあの子もまだ東京にいたのかな」とは思う。それが良いことなのかどうかは、置いておいて。

東京にいる20代の女の子の市場価値は、高い。

おそらく、すべての地域、年代、性別の中で、最も。本人が、それを望むと望まざるとにかかわらず。ただ、市場価値って「それを欲しがっている人が多い」っていうだけの話で、「それを欲しがっているのは誰か？」っていう話は、あまりされない。良い人が欲しがっているとは限らないし、質ではなく、あくまで数の話。

だから、20代の女の子には男の人、だけじゃなくていろんな人が寄ってくると思う。それでも、東京にいると「結婚に踏み切るのはまだちょっと早いかな」って思う子が多いんじゃないかな。それは、東京にいれば何かがつかめるみたいなイメージを、みんなが漠然と持っているから。

でも、魅力的で眩しいからこそ、闇も深い。光が強いほど、影は濃くなる。

キラキラした人を見てばかりでも疲れてくるし、かといって自分がキラキラした場所に出ていくのは、もっとしんどそう。でも、楽しいんだよね、東京にいると。

すごい楽しい。そういう相反するものが渦巻いていて隣り合わせだから、みんな東京っていう街の魅力から逃れられないところがある。

市場価値が高いときに結婚して身を固めてっていうのが絶対の安定、っていう時代じゃなくなってきている。少なくとも、それだけが唯一の幸せじゃない。どうやらそうらしいことだけは、わかっている。それでも、やっぱり結婚っていうワードや出産っていうワードは、女性にとってすごく大きな問題だし、やっておけばよかったんじゃないかっていう考えも出てくる。

結婚とか育児とかって、自分が生きる意味をわかりやすく得られるから。そうじゃない道を選ぶっていうことは、自分をがんばらせるモチベーションだったり自分が楽しいって思える要素だったりを、みずから見つけるしかない。東京ってそれが見つかる街でもあるし、市場価値が高い今だからこそ気づけることもある。そのときに築き上げたものが、30代、40代になって生きてくる。結婚するにしても、しないにしても。

何か正解があるわけじゃない。結婚せずにバリバリ働いて、キャリアを築いて、貯金して、都心のマンション買って、犬を飼って、楽しい独身女性を謳歌するっていうのが正解でもないし、結婚して幸せな家庭を築いて、郊外に小さな一軒家を買って、犬を飼って、妻として母として家族で過ごしていくっていうのが幸せとも限らない。どんな道を選んでも、それぞれのライフステージにちゃんと悩みはついてくる。

だから、幸せは条件じゃないっていうか、自分が今何を感じているか。幸せになるための条件を、作らない。

幸せって、自分が幸せだって感じるものをたくさん見つけることだと思う。

そして、自分が得てないものは良く見えるっていうことは、忘れないでいたい。美しさだったり、結婚だったり、子どもだったり、キャリアだったり、お金だったり。自分が持ってないから良く見えるだけっていうのはやっぱりあるし、持ってないからこそ、それに付随する悩みも知らないでしょっていう。それを忘れないこと。

こういう仕事をしているからなのか、私のことをうらやましがる女の子はいっぱいいる。私も私のことを幸せだと思っているから、「そんなことないよ」って否定はしないけど、でも、もしその子が私に変わったとして、今の私の悩みに耐えられるかどうかはわからないし、私みたいに幸せって感じるかどうかもわからない。仮に本当に誰かと入れ替わったとして、その人の悩みに耐えられるかどうかはまた別の話だってことを、みんなわかってない。外からは、キラキラした部分しか見えないから。

「きほちゃんになってみたら、きほちゃんより私のほうが全然マシだったかも」って、その子は思うかもしれない。そんなことないって、きっとその子は言うだろうけど、逆に、私がその子と入れ替わったら「こっちのほうが幸せだった」って思うかもしれない。みたいな可能性は、常に考えている。

＊＊＊

この数年、未曽有の疫病が世界中に蔓延して、孤独に対する考え方が変わった人も多いと思う。意外と孤独だったなって思った人もいるかもしれないし、意外と孤独じゃなかったって思う人もいるかもしれない。

でも、人と人が会えない期間に、いわゆる「オンライン飲み」とかを経験した私たちは、ちょっとだけ気づいたと思う。やっていることはオンラインでもオフラインでも同じなんだけど、やっぱり会うっていうことの価値はすごく高いんだなって。誰かが一緒にいてくれることの価値。

私はあなたの隣にはいられないけれど、代わりに、この本があなたの隣にいてほしいなと思って、この本を書きました。

とかく人が人に関わることを余計なお世話といわれがちな世の中で、私はそれでもこれからも人に期待して、人に関わって生きていきたいと思っています。そんな私からのささやかな〝おせっかい〟を受け取ってくれたら、とても嬉しいです。

夜の六本木から、愛を込めて。

もくじ

第3章 自分を好きになれない夜に

第4章 物思いに耽る夜に

第5章 ひとりぼっちだと感じる夜に

第6章 寂しさに負けてしまった夜に

第7章 将来が不安で眠れない夜に

第8章 絶対幸せになるんだって決めた夜に

第1章

涙が止まらない夜に

私たちは、プレーリーハタネズミじゃない

北米原産の小型のげっ歯類であるプレーリーハタネズミは、哺乳類の中ではめずらしく、生涯で1回しか番（つがい）にならないらしい。いわゆる、一夫一婦制というやつだ。この前読んだ脳科学の本に、そう書いてあった。

プレーリーハタネズミの雄は、一度ある雌と交尾をすると、その雌と引き離して別の雌をあてがっても、もう二度と交尾はしないそうだ。これは、そのプレーリーハタネズミの雄が道徳的で倫理観に優れた誠実な男だからだろうか？　もちろん、違う。

それは、彼らの遺伝子にそういう習性が組み込まれているからであって、つまり脳がそういう作りになっているからだ。翻って、私たち人間が浮気をしたりされたりするのは、なんでだろう？　浮気をする人間が、道徳的で倫理観に優れた誠実な男あるいは女ではないから？　そうかもしれないし、そうじゃないかもしれないけ

ど、少なくても私たちの脳みそが、プレーリーハタネズミのようにできていないことだけは確かそうだ。

何が言いたいかというと。もしあなたが「彼氏に浮気された」といって悩んでいるとして、それであなたが自分のことを否定したり、自分には何か足りないところがあるって落ち込んだりする必要はない、っていうこと。

プレーリーハタネズミと私たちは違う。それは、「そうだから」としか言えない。人間は、浮気をする生き物だから。それを知っていれば、あなたの彼氏が（というか人間が）浮気するということに対して、必要以上に落ち込んだり、まして自分が悪かったんだって自己肯定感を失ったりしなくてもよくなる。かもしれない。

知識は、それを知っているということは、私たちを客観的にしてくれる。私たちを、強くしてくれる。脳科学の本を読みながら、そんなことを考えていた。

「じゃあ、きほちゃんは彼氏の浮気を許せるんですか？」って？　もちろん、絶対に許さないけど。そんな男、すぐに別れてあげる。主導権は、いつだって私にあるんだから。

感情は、過ぎ去るから

今夜も、芸能人の自殺がニュースになっていた。

私は、そっとスマホの画面を閉じる。

ネガティブな感情は、連鎖しやすい。おそらく、ポジティブな感情よりも、ずっと。

だから、私は、ＳＮＳにネガティブな感情をつづらない。たぶん、一度も書いたことがない。それは、「あのとき、苦しい！ってみんなに伝えて良かった！」ってなったことが、今のところは一度たりともないから。もちろん悲しいこともムカつくこともあるけど、楽しいこと以外みんなに共感してほしくないから。

今あなたが抱えている苦しみを誰かに話すことで気持ちが楽になることはあるかもしれないけど、その相手は、不特定多数の〝誰か〟じゃないほうがいい。そのネガティブな気持ちは、きっとその誰かにも伝わっちゃうから。

そして、その投稿を見返したときに、あなたも今日のネガティブな気持ちを思い出すよ。

そんな負の連鎖、ないほうがいいに決まってるでしょ？

もし自分だけでは抱えきれない悩みがあったら、大切な人の顔を思い出して。その人がその話を聞いてくれると思えるなら、そっとその人にだけ打ち明けてみて。きっとあなたの力になってくれるし、その夜くらいはやり過ごせるかもしれないよ。

大丈夫。文字にしてしまえば残るけど、感情は過ぎ去る。だから、朝が来るまでは、スマホを枕の下にしのばせておいて。

「あなたしかいない」の嘘

彼氏に振られて落ち込んでいる友だちが、泣きながら電話をかけてきた。「あんな人は、もう二度と現れない」って。

そんなに泣かないで。それは、きっと気のせいだよ。私は、「この人以上は現れない」なんて幻想だって思っている。

それまでの誰よりも素敵だと思える人と付き合うと、もう二度とこんな人とは出会えない、彼以上の人は現れないと思いがちだ。でも、本当にそうかな。そんなふうに思う必要なんて、ない。彼は、〝今まで〟で一番だっただけで、〝これから〟も彼が一番とは限らない。

仮に、仕事で成功していてお金持ちでイケメンで人間性も良かったら、そりゃあ魅力的なわけだから、世間一般にモテる。そういう人と付き合ったとしたら、「この人以上は現れない」って思っちゃうのも、無理はない。

でも待って。確かに彼は高収入だったのかもしれないけど、収入でいったら孫正義さんのほうが高いだろうし、ほかにも世の中にお金持ちはいくらでもいる。確かに彼はイケメンだったのかもしれないけど、ルックスでいったらスキズ（Stray Kids）のフィリックスには及ばない（世界中の誰も！）。私はいつも、そういうふうに考えるようにしている。

自分のレベルがどうこうじゃなくて、そこは比べる対象をいくらでも上げていけばいい。そうすれば「この人以上はいない」は、そうそうない。さすがにビル・ゲイツと別れたら、この人以上はいないって思うかもしれないけど、まあ、ビルじゃないし。

「この人しかいない」そう思いそうになったら、比較対象を上げる。

でも、私も付き合っているときは「この人以上はいない」って思うよ。そのほうが楽しいし。「あなたしかいない」って甘い言葉も使うし、相手にも言ってほしい。でもそれは、言葉遊びみたいなもの。アイドルの「愛してる」と同じ。

人の弱さを笑うな

心を病む人が増えているという。弱い人だといわれている。

「職場に嫌味を言う人がいてつらいです。そんなことで落ち込む弱い自分を変えたい」

今日も、自分の弱さに悩む女の子から、相談が届いていた。本当に弱いのは、誰だろうか。

世の中には、人を下げることで自分の立ち位置を上げようとする人たちがいる。私のアンチに限らず、ＳＮＳで誰かを誹謗中傷したり芸能人のスキャンダルを炎上させたりしているアカウントの向こう側にいるのは、そういうタイプの人だと思う。誰かを攻撃しているときは、人は自分の問題から目をそらすことができるから。

「人を傷つけてはいけない」っていうのは、私たちの社会の共通認識といって差し支えないと思うのだけれど、それを我慢できない。
叩いて、批判して、他人を下げていれば、そのときだけは、その人より自分のほうが上っていう気分を味わえる。だから、いつも叩ける相手を探している。

お気軽に炎上する話題には、マウントを取りやすいポイントがある。芸能人の不倫がバッシングされるのは、「不倫は不法行為である」という大義名分があるからだし、YouTuberやアイドルの箸の持ち方なんかが批判されるのも、マナーというものが誰にとっても大上段に構えて物申せるテーマだからだ。

人を下げて自分が上がった気になる。実にお手軽だ。
でも、それは錯覚なんだ。自分自身は、何も変わってない。そういう人は、きっと、もう自己肯定感を上げることができないから、人を下げるしかなくなってしまったのだ。これ以上、自己肯定感が下がったら耐えられないから、自分の非も認められない。

自分の機嫌は、自分で取るしかない。嫌味や皮肉を言って悦に入る人より、苦しい気持ちを自分の中に留めて、自分で解決しようとがんばっている人は、十分強い。

病むのが弱いんじゃなくて、泣くのが弱いんじゃなくて、自分がつらいときに人を攻撃して傷つけないと自分を保てない人が弱いんだよ。

落ち込みやすい自分を変えたい、そう思っているあなたは、弱くないよ。がんばってるよ。

メンヘラな私を楽しんでみる、という提案

メンヘラってうらやましい。安易にそんなことを言うと、反感を買ってしまいそうだ。

でも、信じられないくらい長文のお悩み相談を受けるたびに、私は思うのだ。彼氏に依存している子や、感情の浮き沈みが激しい子、いわゆるメンヘラ気質な人って、心が不安定でつらいことばかりなんだろうか。そういう人は、不安や悲しみに対する感受性が強い半面、喜びや幸せも人一倍感じられるんじゃないか、って。

悲しいときは、自分の心の動きに目がいきやすいけど、嬉しいときに自分の心に注目することって、あまりない。気づいていないだけで、本当はどちらも同じだけの振れ幅で逆の方向に感情が動いているだけなんじゃないだろうか。

そういうのってもともとの性質な気がするから、無理してその振れ幅を小さくし

ようとするんじゃなくて、その振れ幅を楽しむくらいのほうがいいと思う。
自分が感情に支配されやすいタイプだと思うなら、悲しくて苦しいときに、それを「ネガティブで病みやすい」と、負のオーラとして捉えるんじゃなくて、「これだけマイナスの感情に振り切っているんだから、これがプラスになったら死ぬほど幸せになれるな」と、ポジティブに捉えてみる。
悲しみが深いってことは、きっとそれだけ喜びも大きいってことだから。

私は、恋愛に依存しない。恋人と上手くいっていなくても「そろそろどうするか、考えなくちゃ」くらいだし、逆に上手くいっているときでも「まあまあ、そんなもんかな」くらい。なんなら、今がどんなに幸せでも「一寸先は闇」と思って生きている人間からすると、その瞬間その瞬間を目一杯「幸せ！」って感じられるなら、それってどんな感じなんだろうって、興味深くはある。

そう考えると、ちょっとだけメンヘラがうらやましくなるのだった。もっとも、じゃあ自分がメンヘラになりたいかって詰め寄られたら、途端に私は口ごもってしまうわけだが。

冬の日

友だちだった頃はどうでもよかったことが、好きになった途端に耐えられなくなった。

大好きだから理解したいと思ったけれど、大好きだからこそ許せなかった。

誰が悪いわけでもないんだよ。ただ、強くなくてごめんね、とぽつり謝った冬もあった。

寒かったなぁ。

✷ それは、絶望であり希望である

振られたことはない。
でもそれは、別れても落ち込まないっていう意味じゃないよ。

こういうとき、六本木という街に救われる。その日も、というかそういう日だからこそ、お店に出ていた。仕事が終わって、やっぱりそのまま家に帰る気にはならなくて、友だち3〜4人を誘って、朝までテキーラを飲んだ。つらい夜の乗り越え方は、それでいい。

あとは、映画を観て、ごはんに行って、旅行して、買い物して、料理して、YouTubeを見て、仕事へ行く。そうやって空白の時間を埋め続けて、時が過ぎるのをひたすら待つ。そして、病んでいるときであればあるほど、仕事もがんばる。「お店で出会いを求めてます！」ぐらい、張り切って出勤する。

不思議なことに、縁って切れないと次の縁がやってこない。だから、別れたときこそチャンスって思うようにしている。これって別にスピリチュアルな話じゃなくて、ある意味で当然の話で。やっぱり誰かと付き合っているときは出会いの場には行かないし、まわりも彼氏がいるのがわかっているから新しい人も紹介しない。

だから、恋人とお別れしても、「よし、このステージ終了！　レベルアップ！　おめでとう！」ぐらいに思えばいい。周囲にも「誰かいい人いたら紹介して」とアピールする、これも大事。私も言いまくります。願いは、言葉にしてこそ叶うものだから。


でもね、本当は心が死んでいるときの対処法なんてない。どうすることもできず、ただひたすら時が過ぎるのを待つだけ。時間に勝つ薬はないし、かさぶたは嫌でもできるものだから。

必ず忘れるというのは、絶望でもあり、希望でもあるから。

幸せだった瞬間だけ、切り抜いて

「なんて無駄な時間を過ごしてしまったんだろう」

ひとつの恋が終わった直後は、そう思いかける。でも、と私はそのたびに思い直すようにしている。恋愛でも友だちでも、揉めて離れてしまった人、悲しい終わり方をした関係には蓋をしてしまいたくなるけれど、すべてを葬り去らなくていい。

出会った頃のトキメキだとか、ドキドキしながらデートしたあの日の、あの感情までなかったことにしなくていい。朝まで語り明かして笑い転げた、あの子とのあの夜も、捨てなくていい。

あのときはあのときで楽しかったよなって、別の箱に入れてしまっておきたい。だってその瞬間、私は間違いなく幸せだったんだから。

終わりがどんなに良くない結果だったとしても、楽しかったあのときまで嘘だったわけじゃないよ。あの瞬間、幸せは確かに存在していたんだから。

第2章

明日を
がんばりたいと思う夜に

私を推す

思うところがあって、出勤を増やしていた時期がある。そのときは、大事にしてくれるお客様たちのおかげで、12カ月連続で売上1位を取ることができた。

まわりからはたくさん褒めてもらったけど、私の中で自己肯定感が爆上がりしたかといえばそんなこともなく、「よかった、よかった」くらいだった。

ただ、1年間やり遂げたことに対して、自分を抱き締めて頭をよしよししてあげたい気持ちはめちゃくちゃあった。「この1年、私、本当によくがんばったね！」って。

自分を認めるって、案外結果とはあまり関係のないものなのかもしれないなって、思う。

自分が決めたことを守り通したこととか、守り通そうとした自分への愛おしさとか、そういう、がんばっている自分を自覚すること。それって、ものすごい努力じゃなくてもいいんだよ。ちょっとしたことでも自分を褒めてあげる。それが、自分を認めることにつながるんじゃないかな。

実際、私は本当にちっちゃいことで自分を褒めている。朝ちゃんと起きられたとか、一日のスケジュールを予定通りこなせたとか、今日はジムへ行ったとか。褒めるポイントは、人に言うまでもないようなほんの些細な努力だったりする。

昨日も、「チョコ3個食べたかったのに、2個で我慢した私、えらい!」って自分を褒めた。孫を溺愛してるおばあちゃんみたいだよね。でも、それでいいんじゃないかな。

「ナンバーワンを取った」みたいな大きいことは、嫌でも他人が認めてくれる。勝手に評価してくれる。だからそれは他人にまかせておけばいい。自分のほかには誰も気にも留めないような小さな努力こそ、自分で認めてあげなくちゃ。

例えば「彼氏とケンカしちゃったけど、言いたい文句を60パーセントで我慢して、逃げる余地を残してあげた自分」とか。それだけで自分をいい女認定してあげていいくらい、マジで賞賛に値すると思うよ。

誰も気がつかないからこそ、わかってあげられるのは自分だけなんだから。自分の最大の推しは自分だよ。私が私を褒めてあげなくてどうする。

信濃川から東京に流れる

信濃川沿いにいくつもの閃光が走り、水面を照らしている。最後の花火が終わると、両岸が青い光で埋め尽くされる。「光のメッセージ」という、毎回恒例のエンディングの演出だそうだ。

今年の夏、日本三大花火大会のひとつ、新潟県の長岡まつり大花火大会を見に行った。打ち上げ花火を見るのは毎年の恒例で、今年も確かにとても感動したのだけれど、夜空を彩る大輪の花を見上げながら、私の頭には、ふと「自由在不自由中」という言葉が思い浮かんだ。

「自由在不自由中」――自由は不自由の中に在り。福沢諭吉の言葉だ。不自由があるからこそ自由があるように、日常があるからこそ特別な日が特別になる。

花火にこれだけ感動を覚えるのは、きっとそれが滅多に見られないものだから。この花火が毎日上がっていたら、これほどまでに心は揺さぶられないだろう。ディズニーランドでは毎日花火が上がるけど、やっぱりこの日の花火とは比べられないんじゃないかな。人間は、どうしても慣れる生き物だから。

特別に幸せなことがあった日は、「こんな日々が続けばいいのに」と思うけど、本当に毎日続いたら、それは当たり前の日常になる。毎日がお休みだったら、それはもう休みとは呼べない。

日々、やるべきことをやっているから、休みの日を心待ちにできる。仕事をがんばっているから、楽しいことがもっと楽しくなる。

めいめい帰路につく、流れる光の波を見ながら、明日からまた東京で始まる日々に、少しだけ思いを馳せた。

この世界には、傷つかない恋愛がある

炎天下にもかかわらず、原宿のキデイランドには、その日もたくさんの女の子たちが並んでいた。行き先は、おそらく1階の『ちいかわらんど』。新商品が発売されると、入場整理券が配られるほど混雑するらしい。

これも一種の推し活だよね、わかるわかる。私もピリちゃんに会えるなら、どんなに過酷な気象条件だったとしても、何時間でも待つことでしょうよ、間違いなく！

説明するまでもないけど、ピリちゃんとは、K-POPアイドルグループ・Stray Kids、略してスキズのメンバー、フィリックスのこと。今、私がどハマりしている最愛の推しだ。

「なんなんだ、この天才的な顔は……」

YouTubeに流れてきたその映像に、目を奪われた。この世の中に、こんなにも私好みの顔の人間が存在していたとは……。気がつけば、その人は私の天使になっていた。20代も後半になって、生まれて初めて男性アイドルの〝推し〟ができた。

私の推し活は、すべての公演日程をスケジュールに書き込むことから始まる。推しに会えるなら、ロサンゼルスにだって行く。自分の推しは公言しておいたほうがよくて、そのおかげでチケットを譲っていただいたこともある。「スキズと一緒に行動してるの？」と友人たちから呆れられるときもあるけど、多かれ少なかれ、推し活は他人には理解されないものだ。

私は、一目惚れというものを知らない。

相手から好意を寄せられて、少しずつその人を好きになっていく、という恋愛しかしたことがないから。推しを見つけたときの、あの〝落ちる〟ような感覚がきっと、一目惚れってやつなのかなと思ったりした。

リアルな恋愛と違うのは、連絡が返ってこなくて病むこともなければ、束縛されることもない、好きなだけ自分の幻想を押しつけることだってできる。推し活は、傷つかない恋愛だ。五感を満たせる体験はしていないのに、なんなら推しが笑っている映像を見ているだけでも、嬉しい。

すでに推しがいる人にとっては「知ってる」っていう話だと思うけど、だからこそ私は推し活をみんなにおすすめしたい。推しがいる人生、いいですよ。それまでも日々幸せに生きていると思っていたけど、推しができてからの毎日は、もっとハッピーです。

でも、推しって作るものじゃなくて、〝落ちる〟ものだからなあ。

20代のうちに集めたい装備3点セット

何か始めるのに、遅いということはない。

ただ、自分の実感として、早いうちから学んでおいてよかったな、と思うことはある。私にとってのそれは「英語」「マナー」「投資」の3つだ。


英語は、ツールとしてシンプルな強さがある。世界を単位にしたときに、圧倒的に交流の幅が広がる。海外旅行でも、言葉が通じない不安が減るからより楽しめるし、英語を共通語として多くの国籍の人とコミュニケーションが取れる。

そして、語学は、時間があるうちのほうが圧倒的に学びやすい。私は、幸いにも大学を休学して留学に行かせてもらえた。言語は使うことでしか身につかないから、日本語が通じない環境に身を置くと飛躍的に英語力が伸びる。1年間、ホームステイしながらカナダの大学に通ったおかげで、今でも日常生活で困らない程度の英会話はできる。

海外で長期間暮らすという経験は、大人になってからだとおいそれとできるものではないから、背負っているものが軽いうちに行っておいてよかったなと思っている。

マナーも、早いうちに学んでおいたほうがいい。若ければマナーのひとつやふたつ知らなくても周囲は許してくれるけど、年齢を重ねてからマナーが身についていないと、大人としての信用に関わってくる。いずれ覚えなければならないことなら、恥をかけるうちに学んでおいたほうが楽だよ。

投資は、お金を増やすというよりは、コミュニケーションのためだった。お金に働いてもらう、お金をコントロールする、そういう資産運用の考え方を知っているのと知らないのとでは、ついていける話題の幅が変わる。

別に専門的な知識である必要はない。「ちょっと興味があって調べてみたんです」レベルでも、若いうちからそういう意識があるっていうことが伝われば、大人たちになめられなくなる。これは、特にキャバクラで働いていると、如実に感じるところでもある。

「英語」「マナー」「投資」、この3つの装備は固めておいて損はない。必ずどこかで役に立つことだし、身につけておくことで自分自身も生きやすくなる。

中には「私、なんにも知らないんです」という女の子が好きな男性もいるけど、そういう未熟な女性を好む男性は、ちょっと危ない。そんな男のために大事な装備を捨てるなんて、もったいないよ。

嘘は
とびきりの
愛なんだよ

ご褒美だらけの毎日でいい

今日は、上野の『らーめん鴨ｔｏ葱』へ行く。お客様から、「鴨の出汁だけで作ったスープが絶品なんだよ」とおすすめされて以来、ずっと気になっていたお店だ。午後にちょっと重めの打ち合わせがあるけど、夕方のラーメンを思い浮かべると、足取りが少し軽くなる。

小さな楽しみがあったら、なんでもない一日がちょっとだけ特別になる。大変だな、面倒だなってことがあっても、そこをゴールにがんばれる。仕事に行きたくないなって日に「帰り道、ハーゲンダッツの新作を買うんだ」って思えば、少しは気分も上がるよね。

カレンダーには、それを考えたら心が浮き立つような予定をできるだけたくさんちりばめておきたい。だから、自分でどんどん予定を埋めていく。

食べたいと思ったものがあったら、すぐに友だちに連絡して「ここ行こうよ」って誘う。旅行もフットワーク軽く。スキズのライブの予定が公開されたら、チケットの確保に奔走する。すべては、未来の私に楽しみを作ってあげるため。

1週間先、1カ月先に、ワクワクできる予定があったら、そこまでの日々の幸せは保証されたようなもの。嫌なことがあっても、「でも、来週はスキズのライブだし」って思えば持ち直せる。カレンダーを見るだけでハッピーになれる。もしダイエットしているなら「好きなものをなんでも食べていいチートデイ」、そんなご褒美もいい。

人生は、やっぱり笑っている時間が1秒でも多いほうが幸せだと思う。楽しみな予定を月に1つは作っておく。その予定を思い出せば、つらいことも1カ月くらいなら乗り越えられそうな予定を。

小さなゴールを作ることで、自分を生きやすくしてあげる。

ラッキーアイテムの本当の意味

今日も彼女はスピっていた。

占いやお守り、パワースポットが好きな友人がいる。今も、ご利益があるらしい神社の写真をスマホの待ち受けにして「運気が上がりそう」とほくほくしている。

こんな調子で、怪しげなパワーストーンや厄除けの水晶やらまですぐに買っちゃうから、災難に見舞われたときは、「あの石、全然効いてないじゃん」ってツッコむんだけど、「いや、この程度で済んでむしろラッキーっしょ」と、全然ダメージを受けていない。

自分は運がいい、守られている、そう思い込めるという点で、パワーストーンも水晶も、それを信じている彼女にだけは、間違いなく効力を発揮している。

ふと、「ラッキーアイテム」ってやつも同じなのかなと思う。

意識してラッキーアイテムをつけているときに良いことが起きたら、「ほんとに効果があった」と思えて、嬉しいことはもっと嬉しくなる。今日のラッキーカラーで服を選んだ日は、自然とラッキーを探す視点が生まれて、小さな幸運をキャッチしやすくなる。

きっと、ラッキーアイテムって、その物自体に幸運を招く効果があるんじゃなくて、自分の幸せを見つけやすくするためのツールのひとつなんだ。ラッキーな自分に目を向けるための補助線。

幸せって、感情だから。別に〝幸せな状態〟っていうものがあるわけじゃない。人から見てどんなに幸せそうでも、自分が不幸だと思っている限り不幸は続くし、どんなに厳しい境遇にいても、自分が幸せだなって思っていれば幸せ。幸せを感じるポイントは、あればあるほどいい。自分でどんどん増やしていけばいい。

私の場合、もともと「自分は最強に運がいい」と思っているからラッキーアイテムは必要ないし、占いも信じてないから普段は見ない。だけど、あまりにも嬉しそうにパワースポットの話をする彼女の表情を見ていると、柄にもなく「ラッキーアイテムくらいなら信じてあげてもいいかな」と思ってしまう。

ぐちゃぐちゃのオムレッと
よれよれの肉巻き

iPhoneのカメラロールを整理していたら、ぐちゃぐちゃになって焦げた卵と、何かの野菜をよれよれの肉で巻いた料理が出てきた。確か、納豆オムレツと豚バラの梅じそ巻きだったと記憶している。とてもまずそうなそれは、一人暮らしを始めた大学1年生の頃、初めて自炊したときの写真だった。

私、昔はこんなに料理が下手くそだったんだなあって、ちょっと感動すら覚えた。今でもまあ特別に上手ってことはないけど、趣味は料理といえるし、友だちに振舞える程度には上達した。オムレツも形よくふっくら焼くことができるし、肉巻きだってこんがりジューシーに仕上げられる。この写真と比べたら格段の進歩、十分だ。

もしもあのとき、下手くそながらも料理に取り組んでいなかったら、今でもぐちゃぐちゃのオムレツしか作れなかった。そう考えると、大事なのは初めの一歩を踏み出すことで、その一歩が上手かどうかなんて、実は大した問題ではないのかもしれない。

もちろん、早めに始めたほうがベターなものは確かにある。例えば、キャバクラで働くなら若さは市場価値に直結している。私のSNSにも「○○歳でキャバクラ始めるのは遅いですか?」みたいな質問がたまに来るけど、年齢を気にして飛び込めない人がいるのもわかる。

でも、何歳からだろうと本当にやりたいことなら、すぐにやったほうがいい。何かを始めるのに、遅すぎるなんてことは絶対にないから。

そもそも、私に「遅い」と言われたくらいで気持ちが萎えるんだったら、最初からやらないほうがいいけどね。

言った言わない論争の解説

今から、ややこしい話をします。

これは、巷に溢れる「言った言わない論争」の構造がちょっと理解できた、という話である。先日、Instagramでライブ配信をしたときのこと。


「きほちゃんは、子どもが欲しいと思いますか？」この質問が、発端だった。

「思いません」しばし考えたのち、私はそう答えた。

「なんでいらないんですか？」さらに問われる。

「私、いらないとは言ってないですよ」

「言ったじゃないですか。さっき、思いませんって言ってましたよね？」

「子どもが欲しいとは思いません」とは言ったけど、「子どもがいらない」とは言っていない。そこから先は「じゃあ子どもができたら堕ろすんですか？」など、話はあらぬ方向に飛躍していったのだけど、ポイントは最初の問答だったと思う。
子どもが欲しいと「思うか？」という問いに対して、「思わない」と答えている私と、そもそも質問の意図として、子どもが「いるか？　いらないか？」を聞いていた質問者。「思わない」から「いらないんだ」とみなすのは短絡すぎる気がしたけど、改めて考えると「思わない」と一言で返してしまった私も、正しく伝えようとする配慮に欠けていた。

説明の不足、文脈の取り違え、発想の飛躍、話せば話すほど、言葉がすれ違っていく。世の中の「言った言わない論争」の多くは、おそらくそういうことなのだろう。お米を指して「ごはん」なのか、食事を指して「ごはん」なのか。その程度で、私たちの会話は簡単に論争にまで発展してしまう。
言葉はコミュニケーションの道具だから、道具の使い方を間違わないように、もっと上手く使えるように、日々磨いていかなければ。

以上、きほの、ややこしい話でした。

自分にいくらの値札をつけますか？

その子の時給がいくらなのかは知る由もないが、私が愛媛にいたときは、時給2500円で働いていた。

めずらしく地方のキャバクラへ行った日、とんでもなくかわいい女の子に出会ってしまった。思わず「六本木に来たらいいのに！　絶対売れるよ！」と、前のめりで言ってしまったんだけど、間髪入れずに「無理です、無理です」と辞退されてしまった。

もちろん東京で成功することだけが人生ではないけど、自分の市場価値を高めようと思ったら、環境を変えるのが近道だとは思う。見合わない環境でどれだけ質を高めても、宝の持ち腐れにしかならない。

チャレンジした上で無理だったなら、仕方ない。でも、やる前から無理っていうのは、ちょっともったいない。「もう少し成長したらチャレンジしたい」って思っているなら真逆で、新しい環境にチャレンジすることが人を成長させる。

自分が買い物するときを、イメージしてみて。
ある質の良い商品があったとして、買う側が値段を上げることは、あり得ない。どんなに質の高いものが安く売っていても、「お買い得だな」って思うだけ。高く売りたいと思うなら、売る側が値段を上げるしかない。
百均で「これ1万円で買わせてください」なんて言う人、見たことある？

寿司職人は、アメリカに行くと年収が上がるという。
「フロリダへ行ったら、年収300万から8000万になりました」という話は、チャレンジして環境を変えて自分の市場価値を上げた最たる例だろう。

私が今とまったく同じスペックでも、もし愛媛の田舎町に一生こもっていたら、今ほどの収入は得られていないだろう。いつまでも、自分から百均の店先に並んでいてはいけない。

「ありがとう」よりも嬉しいこと

「どれもおいしそう！　どれにしよっか？」

「私、このパスタ食べたいなあ」

「やっぱり？　それ思った！　いや、もうこれは絶対！」

いつ会っても、超ハッピーなオーラを放っているニューハーフの友だちがいる。

何かにつけてリアクションがポジティブだから、一緒にいるだけで私もハッピーな気持ちになれる。レストランでメニューを選ぶだけでも、そう。基本、全肯定。


毎回ここまで大袈裟にリアクションしてくれる人もなかなかいないけど、ちょっとした言葉選びで、相手に与える印象って全然違うなって改めて感じる。

例えば、誰かを食事や遊びに誘ったとき、「いいよ」って言われるより、「いいね！行きたい！」と言われるほうが、断然嬉しい。どちらも了承しているっていう意味では同じなんだけど、自分が言われるなら後者のほうがずっと嬉しくない？「いいよ」は許可するニュアンスだけど、「いいね！」には一緒に楽しみたいっていう嬉しさや喜びが感じられる。お客様に食事に誘っていただくときも、絶対に「いいよー」とは言わない。「めっちゃおいしそう！　楽しみ！」と言うようにしている。

夜職で売れている子は、みんなこういうことが自然とできていると思う。

お店の提案から予約まで自分が段取りしたときも、「全部おまかせしちゃってごめんね」って言われるよりも、「予約してくれてありがとう」と言われるほうが嬉しいし、それが「おいしそう！　超楽しみ！」だったら、もっと嬉しい。

「いいよ」や「ごめんね」って言葉は、なんの気なく使ってしまうものだし、悪い意味はまったくない。でも、言葉の使い方ひとつで与える印象が変わるなら、よりハッピーな伝え方をしたい。でもね、本当はそういう小手先のテクニックが大事だよって言いたいわけじゃないんだ。

「今日も最高だった！　また会おうね！」

彼女のとびっきりの笑顔を見るたびに、「ありがとう」っていう言葉なんてなくても、その気持ちが伝わってきて、私はいつも温かい気持ちに包まれるのだった。

過去の記憶が今の自分を奮い立たせる

疲れたときに自分を奮い立たせるのは、いつだって今まで乗り越えてきた過去の記憶だ。

よし、服は決めた。合わせるバッグとアクセはどれにしよう。彼とのデートを翌日に控えて鏡の前で右往左往する私に、一通のＬＩＮＥが届いた。

「ごめん、明日行けなくなった」

外せない会食の予定が入ったそうだ。さっきまでの浮き立った気分がみるみるしぼんでいく。これで、３回目。

納得できる理由があれば、ドタキャンも許せる。でも、それも2回まで。３回目はない。

この人は、私のことを大事にしていない。「どうせまた許してくれるだろう」あるいは「それでも俺のことを好きだろう」って、私をなめている。3回目のドタキャンをされた日、そのLINEには返信しなかった。そして後日、私から別れを告げた。

「なめられてんな」そう思ったら、離れないとダメだよ。絶対にね。

どんな恋愛も、最初は「楽しい！」から始まる。でも、一度でもなめられたら、そこから雑に扱われるようになる。その先には、もう「つらい」しか待っていない。過去の「楽しい！」を見つめながら、「つらい」今を生き続けることになる。

仮に、もし今別れを選ばずに3年後もそういう関係が続いていたとしたら、3年後のあなたは、今のあなたの決断をどう思うかな？

とはいえ、嫌いになったわけじゃないから、好きって気持ちを抱えながら別れることになる。それは、すごく、すごくしんどい決断になる。

問題に目をつぶって、水に流して、今まで通り付き合っていたほうが楽しいし、「やっぱり一緒にいたい」って、気持ちは揺れる。

でも、これまでだって、そのつらさを乗り越えて別れてきた。そして、やっぱり別れてよかったって思えてきた。だから今回も乗り越えられる、過去の自分を支えにして、ブレそうな心を立て直す。

それまでのプロセスが厳しければ厳しいほど、別れた後は、もう心は揺れない。すべてを投げ出して楽な道を選ぶことは何度だってできたけれど、それでも私はこっちの道を選んだ。諦めてもいいことを諦めずにがんばってきたんだよ。

第3章

自分を好きになれない夜に

海の中で息ができる魚がうらやましいか

「あの子みたいになりたいけど、私じゃあんなふうにかわいくなれないよ」「きほちゃんみたいにポジティブになれない。どうやったらネガティブな自分を直せますか？」今日もまた、フォロワーさんからそんなメッセージが届く。

誰かの美点や才能に気づいて「素敵だな」と感じるのは良いことだけど、そこで自分と比べてしまうのはどうしてなんだろう。私には、他人と自分を比べたりうらやんだりする感情が1ミリもないから、ちょっと不思議ではある。

人をうらやましいと思わないのは、自分のほうが優れているからでも、自分に自信があるからでも、ない。それをもともとの性格といってしまえばそれまでだけど、私自身は、単に想像力の問題だと思っている。誰もが、努力も苦悩も抱えて、それでも笑って生きてることを知っている。みんなそれぞれががんばって生きていることとを知っているから。

例えば、同じキャバ嬢の中だけで比べたって、私よりかわいい子はたくさんいると思う。でも、仮にすごくかわいくて性格も良くて、やさしい彼氏がいて仕事でも成功している、すべてを手に入れて幸せそうに見える女の子が身近にいたとしても、幸せそうでよかったなとは思うけど、私の中ではそれ以上でも以下でもない。

その子が幸せなことと私の幸せは関係がないし、その子の長所や才能と私のそれとはまったく関係がないから。だって、「魚は海の中で息ができていいな。どうして私は魚みたいになれないんだろう」って思う？ それと同じこと。そのくらい、人と人は違っている。

だから、誰かと自分を比べたり、ましてそれで落ち込んだりなんてしなくてもいいんだよ。

ところで、「ネガティブを直したい」っていうお悩みには、「ネガティブはネガティブとして置いておいて、自分の良いところに目を向けてみて」って答えた。良いところは、なんだっていい。ネガティブだけど頭がいいとか、ネガティブだけど食べても太らないとか、ネガティブだけど……足が速いとか？（笑）

眠りにつくために目を閉じたとき、その日の失敗が思い浮かんで「こんな自分、嫌だな」って眠れなくなることってある。そんな夜には、「でも自分にはこんな良いところもある」「今日はこれができた」っていうことを数えてみる。きっと、自己嫌悪の防波堤くらいにはなってくれるから。

自己肯定感の低さ＝
自己評価の高さ

「あー！　きーちゃんがテレビに出てる！」

テレビを見ていた父が、突然大きな声を出したので、何事かと振り返った。

そこに映っていたのは、石原さとみさんだった。父は、私を見て「きほかと思った！　あ、きほのほうがかわいいか！」って。私の家族は、いつもこんな感じだ。

旅行をすると、母からの写真の催促が増す。風景や食事の写真を送ると、必ず「きほは？」と返信が来るので、3枚に1枚くらいは、わざわざ自分を入れて撮るようにしている。

「あら、フランスでも美人さん」よくわからないけど、褒められている。

そういう環境で育ってきたから、私は、たぶん人と比べて褒められたいという欲求が希薄だ。それを、自己肯定感が高いからだという人もいるだろう。

確かに自己肯定感は高いのかもしれないが、自己評価は低いと思っている。それは、きっとずっと家族に愛されて、褒められて生きてきたからだ。

「お人形さんみたい」と言われても、それは私のことが好きだからそう言ってくれているだけで、本当にそう思っているわけではないのだと思う。だから、褒め言葉を真に受けない。

両親に限らず、容姿への評価は、話半分で受け取っている。自分の顔が好きなわけでもないし、私よりかわいい子はいくらでもいる。ただ、お店でもSNSでも「かわいい」と言ってもらえたら嬉しいし、「みんながそう言ってくれるなら、そうなのかな?」とは思っている。

でも、それはあくまで他者からの評価であって、自分の評価が上がるわけじゃない。そもそも評価は他者がするものなので、自分で自分を追い詰めなくていい。

私は、「何かができなきゃいけない」と思ったことが一度もない。

自分なりにがんばってはいるつもりだけど、人と比べて特別に努力しているとは思わないから、仕事が上手くいっているのも運が良かったと思うようにしている。

それでも自己肯定感が低くないのは、家族が、何かができる私のことを好きなわけではなく、生きているだけで私のことを認めてくれたから。

自分を否定する気持ちは、何かと比べて自分が劣っていると感じることで生まれる。そのとき、比べる対象が適切かどうかは、意識してみていい。

高すぎる対象との比較は、現実の自分とのギャップが大きくなるから、苦しくなる。今の自分のレベルを正しく知らないと、求める心ばかりが大きくなる。何事も「できて当然」ではなく、「できなくてもともと」と思うようにする。

自己肯定感の低さは、そもそも異常に自己評価が高いことが原因なのでは。

モラハラ男の乗り越え方と、その後の私

いわゆる、モラハラ男と付き合っていたことがある。なぜ私がその人とお別れできたのか。本当は思い出したくもないけど、そのときの話を少しだけしようと思う。

恋愛において、別れ方は大事だ。自分で別れを選んだのか、一方的に振られたのか、はたまた成り行きのままに自然消滅したのか。どう別れたかは、その後の恋愛の仕方にも影響する。

その頃の私はまだうら若き大学生で、相手がモラハラをするとわかった後も、その人のことが好きで好きで仕方なかった。それでも、というかだからこそ、「この人に振られたら病んでボロボロになってしまう。それなら……」そう考えて、自分から別れを切り出した。

束縛も激しかったし、バカにしたり見下したり、人格を否定されることも日常茶

飯事だった。かと思えば突然ちやほやしてくることもあって、でもまたすぐに不機嫌になる。その理由を聞いても「まだそんなレベルにいるの？」「まあ、いつか気づけたらいいね」って当てこすりを言われるだけ。人格を否定して感情の浮き沈みでコントロールしてくる、典型的な〝モラ男〟だった。

そもそも、なんでそんな人と付き合ったのかって？

どんなモラ男だって、最初からモラ男として登場するわけじゃない。むしろ、連絡は信じられないくらいマメだし、愛情表現も上手だ。当時の私は、年上の相手が立派な大人に見えて、どんなに怒られても自分に至らないところがあるから注意されるんだと思っていた。

その彼と別れる決断ができたことは、今の自分への信頼にもつながっている。もし似たような状況になっても「あのとき別れを選べたし」って、自分を強く保てると思う。

今では、幸せよりつらさが勝ったとき、大事にされていないことを感じ始めたときには、先手を打つ。未来の私がボロボロに傷つく前に別れる。そういう決断ができるくらいには、私も大人になったのだ。

ここで言いたいのは、「自分から振った」という形式にこだわるってことではなくて、どうするかを「自分が選んで決断した」っていうこと。選ぶのは常に私だっていうことは、忘れないようにしている。

逆を言えば、必ずしも別れるという決断である必要はない。「クズ男だけど、毎日つらいけど、それでも私はこの人を選ぶんだ」でもいい。それはもう、考えただけで死にそうだけど。

推すことと推されることの不思議

私は推し活が楽しくて仕方ないけど、推し活で病んじゃう女の子も少なくない。どうしても行きたかったイベントの抽選に落ちちゃったとか、推しにお金を使いすぎて自分にお金が使えないとか、推しが同じファンに敵対心を抱いてしまう（いわゆる同担拒否）とか。そういう女の子からの相談も、よく受ける。

私は、推しが笑っているだけで嬉しくなってしまうタイプだ。別に目の前にいるわけじゃない、ただの映像だ。チョロいオタクなのだ。ただ、推しの笑顔を見るたびに、元来、人は人が喜ぶことを嬉しいと思う生き物なんだなと、改めて実感する。

「きほちゃんは推される側でもあるけど、推されるってどんな気持ちなの？」

ある取材の後、ライターさんが、ふと思いついたようにそう尋ねた。

んー、説明が難しい。もちろん、応援してもらえることは嬉しい。どちらかというと、嬉しくて仕方がない。しかし、同じくらい不思議なのだ。昨日もインスタでライブ配信をして1000人くらいの人が同時接続してくれた。わざわざ自分から配信しておきながらこんなことを言うのはかなりおかしな話なのだけど、話しながらも「私が話しているのを見てどうして喜んでくれるんだろう?」とも思ってしまう。

私ですらそう思うのに、地球規模で推されているフィリックスは、一体どんな気持ちなんだろうか? 推す側の気持ちだったら、今はいくらでもわかるのにな。

「人に何かをしてあげて、その人が笑顔になってくれたら、自分も嬉しい」っていう感覚自体は、昔からあった気がする。

道を聞かれて、教えてあげたら、なぜか嬉しくなった経験ってない? 親切は、相手のためであると同時に、自分の喜びにもなり得る。

自分が推される理由はよくわからないけど、もし身近な人から推される=応援される人になりたいということなら、そのコツみたいなものは教えられるかもしれない。

それは、利他的に生きることだ。

人にやさしくする。見返りを求めず、誰かの笑顔を見たいと思って生きる。そうして会った人にパワーを与えて、もし「またこの人に会いたいな」って思ってもらえたら、それが推されるっていうことじゃないかな。

そしてもうひとつ。何かしてもらって嬉しかったときは、その嬉しさを素直に表現すること。

褒められたら、謙遜しないで喜ぶ。助けてもらったときは、申し訳なく思うんじゃなくて、笑顔でありがとうって言う。「あなたの応援で、私はこんなにハッピーになったよ」って表現すると、推し甲斐のある人になると思う。

でも、私にモテるためのテクニックは、求めないでください。出し惜しみしているわけじゃなくて、本当にそういう技術を持ち合わせていないんです。

ごめんなさいは難しい

「お前みたいに逃げてるやつは、一生逃げて生きていくんだからな！」

捨て台詞みたいに、彼はそう言った。何が発端だったのかすらもう忘れてしまった遠い記憶だけど、この言葉だけはなぜかよく覚えている。

私はケンカが嫌いだ。言い争いはもちろん、ひどいときは話し合いだってしたくない。説明しても納得してもらえそうにないなら、ごめんごめんってひたすら謝るほうがまだ楽だから。

そのときも、話を長引かせたくない一心でひたすら謝っていたんだけど、たぶんその態度が彼のカンに障ったのだ。「めんどくさい」を出しすぎた（笑）。

人と人が揉めている時点で、１００対０でどちらかが完全に悪いことって少ないと思う。

責めている側は「結果がこうなったから怒ってるんだ」というスタンスのことが多い。もちろん、責められている側にも言い分はある。ただ、どんなに事情を説明されても、その言い訳に対してまた腹が立つ。

仮に一方が100パーセント悪かったとしても、責められたら責められたで「そんな言い方しなくてもいいじゃん」と、少なからず思ってしまう。素直に謝れる人は少ない。

中には潔く「すみません！」って謝れる人もいるだろうけど、それって、圧倒的な力関係がある場合だと思う。例えば、上司と部下とか。関係が継続する以上は、心からでなくても謝らざるを得ない。

恋人同士や友だち同士、対等な関係性で、100パーセントの「ごめんなさい」は難しい。否定されたり指摘されたりするのって、単純に嫌なことだから。

それがわかっているから、私自身が誰かに怒ることは、ほとんどない。例えば彼氏に対し腹が立つことはもちろんあるけど、それを指摘するのは「この欠点だけは直してくれないと無理だ」というときだけ。相手の立場から見たらきっと私も似たようなものだし、お互い様ってことで。ただし、「俺は毎日飲み歩くけど、お前が飲みに行くのはダメ」みたいなダブルスタンダードだけは、許せない！

私たちは、「ごめんなさいってちゃんと言おうね」って子どもの頃から何百回と言われている。それなのに、大人になってもそれを忠実に遂行することは難しい。だから、ちゃんとごめんなさいできたときは、自分を褒めてあげましょう。

勝つことと幸せであることとの相関関係について

負けて悔しいと思ったことがない。これだけは誰にも負けないみたいな自信もないし、勝ちたいと思う相手もいない。自分が勝負の世界にいる自覚も、あまりない。

こういうことを言うと「余裕ぶりやがって」とか、逆に「負け惜しみだ」とか言われそうだけど、私が勝ち負けにこだわらないのは、あまり勝ちたくないからだ。勝ち負けや順位を決めてしまったら、そこには嫉妬や羨望が生まれる余地ができる。ほんのわずかだったとしても、負の感情が生まれる。自分にとっての敵を作りたくないし、誰かにとっての敵になるのは、もっと嫌だ。

「キャバ嬢は負けず嫌いじゃないと売れない」ってよく言われるけど、私はそうは思わない。なぜなら、私が負けず嫌いじゃないから。しかし、負けず嫌いじゃないと売れないと思っている人は、私のことを負けず嫌いだという。結果として私が負けていないから「きほちゃんは負けず嫌いなんだよ」と。でも、そこで私は考えてしまう。勝ちってなんだろう？　負けってなんだろう？

仮に全国のキャバ嬢の中で誰よりも売上を作ったとして、この業界の中では勝ちかもしれないけど、世界中の同年代を見渡したら、もっと稼いでいる人はいくらでもいる。負けず嫌いっていうなら、その人たちには負けてもいいの？　もし「キャバクラの中だけでいいんだよ」って、自分の中で限定するのなら、店舗で今月の1番でも、今日の1番でも、もっともっと狭めていっても同じじゃないの？

負けず嫌いって、結局勝つ対象を決めているだけだと思う。

負けず嫌いが悪いっていう話をしたいわけではなくて。そもそも、勝つことと幸せになることは、イコールじゃないのだ。

私が働いているお店では、グループ全店を挙げて、毎年12月に売上を競うレースが開催される。去年は1億3000万円の売上を立てて優勝したけど、本当は勝ち負けを競わせられるのは好きじゃない。勝手に敵を作られるみたいで。

もちろん私を勝たせてくれたお客様たちにはとっても感謝しているけど、もともと勝負事に熱くなるタイプではない。ライバルに対しても、感謝こそすれ、嫌いになるなんてあり得ない。

正直、ランキングもお店が勝手に言っているだけで、仮に売上1円差でナンバーワンになったところで、私のお給料は1円しか変わらない。幸せを決めるのはそのお金をどう使うかっていう部分で、1位だから幸せになれるわけじゃない。

誰かに勝つことよりも、自分が幸せになることを優先したほうがいい。

そこに私がいたはずなのに

辞書には、「自分より優れている人をうらやみ妬むこと」と載っていた。

私に向けられる悪意の中には、嫉妬なんだろうなと思うことが少なくない。


日本は、世界的に見ても、同質性が高く平等意識が強い国だと思う。

例えば、ヨーロッパの高級ホテルに行くと、料金によってフロアもサービスも明確に階層が分かれている。日本では、どんなホテルに泊まっても、同じ施設の中でそこまで差があることは少ない。

学校教育も、欧米では生徒それぞれの能力に合わせた教育を行う国が多いけど、日本では全員が同じカリキュラムを同じ速度で学んでいくことが重視される。


みんなが同じであることを求められる社会では、突出した個性は弾かれやすいし、優秀すぎる人はやっかまれる。お金持ちになった人を見れば、何かずるいことをやったに違いない、裏で悪いことをしているんだ、そんなことを考えがちだ。「どうしてあの人だけが？」無意識にそう思う人が多いのではないだろうか。

私はこれまで10件ほどＳＮＳの発信者情報開示請求をしてきたが、そのほとんどは20代の女性で、同業者も多かった。これは、私を見て「なんであなたなの？　その席にいたのは、私だったかもしれないのに」って思っているから、だと推測している。

これは、同質性が高い社会の、ひとつの弊害だと思う。

私は人に嫉妬しない。それは、その人と私が同じ世界にいると思っていないからだ。「なんでこの人だけがいい思いをしているんだろう」そう感じたら、それは、みんなが同じでなくてはいけないという呪いにかかっているのかもしれない。

才能もないのに売れている芸能人も、他愛ない投稿がバズっているインフルエンサーも、自分よりブサイクなのに幸せそうにしている職場の同僚も、それぞれ別の物語を生きている。

私たちも、自分が主人公の物語の中で、それぞれが幸せになるストーリーを作っていくしかない。

チョコとニキビとサラダとサプリ

あ、ニキビができてる。

昨日、少しばかり嫌なことがあって、チョコレートをいっぱい食べたのが良くなかった。

でもね、夜中に甘い物をたくさん食べて、それで朝、ニキビができたとしても、そんな私ってえらいな、かわいいなって思うようにしている。

だって、ちゃんと自分で自分の機嫌を取れた、人に当たらなかった、自分を傷つけなかった。今日はサラダを食べてサプリを飲もう。それでチャラ。

瞬間の積み重ねが人生だから、そのときそのとき、誤魔化せたらいいんだよ。それくらい楽に生きて、何が悪い。

強さの定義はひとつじゃない

Netflixで『脱出おひとり島』を見ていたら、時計の針は午前4時を回っていた。夜が明ける前には寝なきゃと、慌てて布団に潜り込む。心地よい静寂が、一本の電話で破られる。

「もう、聞いてよ〜!」電話口の彼女は、すでに号泣していた。「こんな時間に、何事!?」って驚いたけど、どうやら彼氏に振られたらしい。普段は明るい女の子だけど、傷つくときはちゃんと傷ついて、落ち込むときはしっかり落ち込むタイプなのだ。

その子にも「きほは、メンタル強いから」ってよく言われるけど、私からしたら私より彼女のほうがよっぽど強いと思う。だって、毎回そんなにちゃんと傷ついてしっかり落ち込んでたくさん泣いているのに、そのたびにその悲しみを受け止めて、跳ね返しているってことでしょ?

電話の向こう側では、まだ「もう立ち直れない……」と言って泣いているから、そういえば前にもこんなことあったなと思って、「年単位で考えてみよう。一昨年好きだった人のこと、覚えてる？」と聞いてみた。「うーん、忘れた」だって。ほら、やっぱり。

メンタルの強さって、1パターンだけじゃない。彼女みたいに受け止めて発散して跳ね返すパターンもあれば、私のようにそもそも受け止めないパターンもあると思う。私は、何か悩みがあるときに、それを解決しようというよりも、もっと別の楽しいことを考えることで、悩みを相対化しようとする。ひとつひとつの出来事を、重く受け止めすぎない。

私の場合は、忘れる機能が強いのもあると思う。どんなにつらいことがあっても、片時も忘れられないくらいつらい、ということはない。これは、生まれつきな部分もあるかも。

そもそも攻撃が届かないっていうパターンもある。例えば、「私って毒舌なんだよね」とか「俺って誰に対してもハッキリ言っちゃうんだよね」みたいなスタンスの人に何を言われたところで、「ふーん」で終了だから。ＳＮＳでのアンチも、同じ。私がどこでケンカを売られても悪口を言われても言い返さないのは、やさしいわけでもなんでもなく、どうでもいいあなたと会話なんて一言だってしてあげないって気持ちです。

「メンタル強くなりたい」って、もしかしたら、自分とは違ったパターンの強さを持つ人を見て、「あんな強さ、自分にはないなあ」って思っているだけなのかもしれない。自分なりの立ち直り方がある、っていうのは知っていていいと思う。

そんなことを考えていると、いつの間にか電話の向こうがやけにシーンとしていることに気づいた。返事がない。「もしもーし？」と呼びかけたら、「あ、寝てた」だって。あんた、やっぱり私より強いよ。

その笑いの代償は

何を思って言っているんでしょうね。

出会い頭に「太った？」とか「あれ、なんかブスになった？」とか言う人たちっていうのは。冗談でも本当にそう思っていても、どっちにせよ愉快な気持ちにはならない。

いくら冗談だって言われても、それがわかっていても、萎えるものは萎える。「それ言われて嬉しい人いる？」って冗談、なんで言うんだろ。

キャバクラでよくあるのは、指名のいるお客様がお連れ様と一緒に来店されたとき。そのお連れ様が、冗談で「○○さんって、どこどこのお店の○○ちゃんがお気に入りだもんね。あ、これ言っちゃダメだったか～」とか言って、その席でひと笑い起きるっていうパターン。横で見ているだけでも、ちょっとヒヤヒヤする。

女の子が、そのお客様のことをなんとも思っていなかったら、まあ普通に冗談で終わるけど、少しでも気に入っていたり、その子にとってメインのお客様だったりしたら、心中穏やかじゃいられないはず。心の中では「はあ?」って怒り狂ってるっていうことは、結構あるから。あとでひと揉め起きそうだなって……。

キャバクラじゃなくても、例えば彼氏の友だちが、彼女のいる前で元カノの話題を持ち出すとか、この手の冗談ってどこにでもあるんじゃないかな。恋人同士でも、嫉妬してほしくて「ちょっと口説かれてる」みたいな話を自分からしたり、異性の芸能人を絶賛したり。

私だって彼氏に嫉妬されたら嬉しい気持ちもわからなくはないけど、やめたほうがいいと思う。私は、自分がやられるのはめっちゃ嫌だから。やられるのは、ね。

バンクーバーの空と体重計

身長１６９㎝、体重50㎏。

体重計にはたまにしか乗らないから正確なところはわからないけど、たぶんそのくらい。一般的には痩せているほうだと思うけど、六本木のキャバ嬢の中だったら特別細くもない。同程度の身長で40㎏台前半の子はまわりにいくらでもいる。

でも、無理してそこまで痩せたいとは、もう思わない。あの苦しかった頃には、二度と戻りたくないから。

大学生の頃、「過食嘔吐」という摂食障害だった。

きっかけは、過度なダイエット。付き合っていた人が、ガリガリな子が好きで、「俺のこと好きだったら、吐いてでも痩せるよね」と言われた。

「は？」今だったら、2文字で終わる。「じゃあ、そういう子と付き合ってください」なんだけど、当時はそうは思えなかった。自分自身も、体重に執着していた。

そのとき痩せるためにしていたのは、とにかく食べないこと。極限まで食事量を減らす。体重は落ちていったけど、ある日、どうしても我慢できなくて食べてしまったときに、ヤバいヤバいヤバいと焦って、吐いた。それが過食嘔吐の始まりだった。

「なんだ、食べたら吐けばいいだけじゃん」

最初は素晴らしいダイエット法を見つけた気分だった。これなら楽に痩せられるって。


食べ吐きは、常習化する。同時に頭も体も狂っていく。ずっとずっとずーっと、食べ物のことしか考えられなくなる。少しでも何か食べたらスイッチが入って止まらなくなる。まだ足りない、まだ足りない、喉までぎゅうぎゅうになるくらい、食べ続けないと満足できない。

そのときの衝動は、「お菓子を食べたい！」なんて、のん気なものじゃない。食欲ではなく、発作。おそらく薬物の禁断症状と似ているのだと思う。頭の中がそれだけになる。コンビニで食料を買い込んで急いで帰るけど、部屋に入るまで待てずにエレベーターの中で食べ始める。食べたらすぐ、トイレへ行って吐く。吐いてリセットされてようやく少し落ち着く。でも、すぐにまた「食べたい！」がやってくる。毎日が、その繰り返し。

心療内科へも行ったけど、なんの役にも立たないアドバイスをされて終わるだけだった。一応、処方された向精神薬を飲んでみたけど、あまり意味はなかった。

そんな日々から脱却できたのは、カナダに留学したからだった。

滞在先のバンクーバーでは、日本では考えられないような太り方をしている人がごまんといて、しかも、そういう人たちもみんな、体形を気にせずにファッションを楽しんで堂々と街中を歩いていた。そもそも、他人の体形を話題にする人なんていなかった。

向こうに渡ってすぐに、ホストファミリーに過食嘔吐がバレた。毎日一緒に暮らしているんだから、当然だ。でも、「吐いてもいいけど、また食べなよ」って言われただけで、深刻な雰囲気はなかった。少しだけ、気が楽になった。

当時の彼氏とも物理的に離れて、「瘦せなきゃ」っていう強迫観念をまったく含有していないバンクーバーの空気に、私は命を救われたと思っている。

今は、着たい服がかわいく着られる程度に体形を保てればいい。腹八分目で、食べたいものを食べる。ＩＶＥのウォニョンちゃんを見たら「ほっそ！　かわいい！」とは思うけど、目の前にあるサムギョプサルを我慢してまで、そうなりたいとは思わない。さっ、おかわりしよっと。

ダイエットもひとつの自傷行為になり得る。自己実現のための努力は素晴らしいことだけど、すべてはあなたの生活を豊かにするために行ってほしい。

１kg痩せるよりも、肌艶良く、いつもニコニコ笑顔でご機嫌でいる人のほうが、きっと魅力的だよ。

「勝たないでいてくれた」あなたを忘れない

自分は間違っていない。そんな確信があるときほど、むきになりやすい。相手の間違いを指摘して、反論されればやり込めたくもなる。でも、その言い合いに勝って得られるものってなんだろう。

言い争ってお互いの印象が良くなることはない。仮に相手に非を認めさせることができたとしても、口論に勝って気分が晴れ晴れすることなんて、まずない。はたから争いを見ている人からも、良い印象は持たれない。所詮は他人事だから、どっちが勝ったかなんてまわりは気にしていないし、「やっぱりあの人が正しかったんだ！」とは、案外ならない。「なんかあの2人、すごい揉めてるな」って思われるだけ。好戦的な人だと思われたところで、良いことはない。

傷つけ合ってまで白黒つけなきゃいけないことなんて、そうそうない。真っ向から意見が対立するときは、自分からリングを降りる。大人になればなるほど「勝たない」選択をすることこそが、賢明な判断になる。

相手が想像力のある人間だったら、「あのとき、あの人は勝たないでいてくれたんだな」って後々わかるものだから。私にも、あのとき勝たないでいてくれたんだなって、あとから気づいた経験はたくさんある。

それに気づいてくれる人とは負けても上手くやっていけるし、もし気づかない人だったら勝ったところで上手くいかない。

相手を言い負かしたくなる衝動に駆られたら、まあとりあえずひと息ついて、ごはんでも食べましょう。それで、ひと眠りしましょう。それでも腹の虫が治まらない、そんなときは、まったく関係ない場所にいる人に思い切り愚痴るっていうのはどうかな？　私の場合は、お母さんに愚痴ります。お母さんから「きほがこんなこと言ってたよ」って漏れることはないからね（笑）。

ケンカに勝っても、人は無傷ではいられない。だから、戦わない。あなたが賢くて強いことは、あなたが大事にするべき人は、ちゃんとわかってる。

第4章

物思いに耽る夜に

J-POPのジェンダーギャップ

今日も、街は恋愛の曲で溢れている。

そのとき流れていたのは、ちょっと前に流行った男性歌手の曲だった。ケンカ別れしてしまった昔の彼女を想って、至らなかった自分を責める。今の彼とはちゃんと上手くやれてるかな、なんて心配しながら、彼女を手放してしまった後悔を切々と歌い上げる、そんなバラードだ。

わからんなあ、その気持ち。

男性アーティストが歌う恋愛ソングは、元カノのことばっかりだ。未練、追憶、失ってからの空虚な日々、あの頃に戻れたら……。昔付き合っていたあの子を思い出す曲が多い。男性のメンタリティって、そういうものなの?

女性アーティストの場合、会えなくて寂しいとか、好きな人から連絡が返ってこないとか、そういう病みソングはあるけど、「元彼が大好きでまだ忘れられない」って歌う曲は少ないように思う。振られて悲しいって曲もあるけど、その多くは昨日、今日の出来事で、1年も2年も前の失恋じゃない。

私は、失恋したら1日くらいしか病まない。ただし、その1日は、メンクリ行くくらいめっちゃ病むこともある。もう死んじゃいたい！みたいなレベルで。でも、時間が経ったら忘れる。元彼たちは遠い過去のものになっていく。

彼らが幸せでいてくれたらいいなとは思うけど、今の彼女と上手くやれてるかな、なんて考えたこともないや。

街に苦手な香りのフレグランスが並んでいる理由

『ディプティック』っていう、パリのフレグランスブランドがある。

私は、ここのジャスミンの香りのキャンドルが爽やかで大好きなんだけど、このブランドの一番人気の香りは、「ドソン」っていう甘くてスパイシーなテイストらしい。私は、友だちにそのことを教えてもらうまで、「ドソン」が一番人気だなんて思ったこともなかったから、それを知ったときにとても驚いたことを覚えている。

少なくても香りに関しては、私の感覚は、ほかの人とは全然違うんだなって。

でも、考えてみれば、香りに限らず、色だって食べ物だって、そして男性の好みだって、人によって全然違うし、それを嫌いな人にとっては、それが好きな人の気持ちはわからない。いつまで経っても、ね。

そんなの当たり前のことなのに、例えば常識とか価値観とか、そういうことになると、私たちは無意識のうちにほかの人と共有できていると思っている（あるいは、社会的に共有するべきだと思われている）ことが多すぎると思う。人の気持ちなんて、誰にもわかるわけないのに。

本当に人が人の気持ちを完全に理解できるのなら、街に私の苦手な香りのフレグランスは並んでいない。

想像力という、もうひとつの耳を持つ

あなたの言葉を信じる。そんな甘ったるい話ではないのだ。

彼氏と交友関係がかぶっていると、彼の友人から「きほちゃんのこと、こんなふうに言ってたよ」と、聞かされることがある。まあ、たいてい良い話ではないわけだけど、鵜呑みにはしないようにしている。

言ったこと自体は、たぶん本当なんだと思う。でも、そのとき誰といたのか、どういう話の流れで言ったのか、お酒は飲んでいたのか。全部がわからないと本心かどうかはわからないし、全部なんてわかりようがない。

しかも、男の子って友だちの前では強がるものでしょ？　女同士だってそうなんだから、わかるよ。私だって彼氏とケンカした話をするときに、「まじムカつく。もうほんとに別れようかな」って大袈裟に言っちゃうときもあるし。

「いや、別にもう好きじゃないんだけどね、そんなに」なんて言いながら、LINEの通知をずっと気にしている。「この間はごめん、今何してる？」なんてメッセージが届いただけで、一気に世界がバラ色になったりして。

人ってつい悪い方向に考えがちだから、お酒の席で口がすべっただけなのに「どうせそれが本心なんでしょ」と思い込んでしまうこともある。でも、自分だって勢いで口から出てしまった言葉を本心と受け止められたら嫌じゃない？　だから、裏読みや深読みをして勝手に傷つくのはやめよう。それも、きっと相手への思いやりだよ。

人は、本心をそのまま言うとは限らない。
彼氏が烈火のごとく怒っている。怒られながら、私は、なんで彼がこんなに怒っているんだろうって考えてしまう。ただ怒っているのか、本当は悲しいのか。隠れた気持ちを想像してみて、「あー、私の愛情表現が足りなかったのかな」なんて思うこともある。悲しみを怒りに包んでぶつけていることがわかれば、受け取り方も違ってくる。

一般的には、女の子のほうがそうなのかもしれない。でも、私の場合は、だいたい男女逆になることが多い。

その発言に至った背景を考える、脈絡を考える。相手の立場になって、自分に置き換えて、想像してみる。言葉を言葉のまま受け取らないことは、対人関係全般においても、意識しておいて損はないと思う。

言葉だけが真実じゃない。聞こえてこない言葉に、耳を傾けてみる。想像力という能力を与えられている私たちには、きっとそれができるはずだ。

外見は内面の一番外側なのに

「最近、物欲ないんだよね」あるお客様が、そうつぶやいた。これで、何人目だろう。そして、それはなぜか決まってちょっと得意気に語られる。本当は買えるけど買わないんだっていう余裕が漂っている。ねえ、もしかして「物欲ない」が、かっこいいと思ってる？

本物のお金持ちはハイブランドを身につけないとか、物にとらわれずに生きるミニマリストへの憧れだとか、それらと同じ列に「物欲ない」も並んでいるように感じる。

物欲の立場って不当に低くないだろうか？　好意的な意味で使われることはまずないし、同様に着飾ることもマイナスな意味合いのほうが強い。

物欲は、悪なのか。物が欲しいと思うこと、物に価値を見出すことは、悪いことなのだろうか。何を選んで何を身につけるか、自分の部屋に置くならどんなものがふさわしいか、外見は、内面の一番外側なのに。

何も欲しくなくて、何の欲もない人生のほうが私はつまらなく感じる。

マノロの靴が欲しい、シャネルの新作もかわいかった、いつかバーキンを手に入れたい……。

欲しいと思うものがいっぱいあることはモチベーションにつながるし、何より手に入れたときに嬉しいもの、自分の人生を楽しくするものは、多ければ多いほどいいに決まってる。

人を動かすのは欲望なんだから。みんなもっと自分の欲と素直に向き合えばいいのに。だって、そういう素直な人のほうが断然かわいいじゃないですか。

なお、私調べによると、「最近物欲がない」とちょっと得意気に言っていたお客様の約9割は、3カ月以内に1000万円超の物を購入している。車や時計は、すでに高級品を持っているのに。なんだ、やっぱりみんな、物欲めっちゃあるんじゃん。かわいいなあ。

どら焼きがシャンパンに変わるとき

誰に渡すか決めているわけではない。伊勢丹新宿店の『ゲラン』に限定のハンドソープを買いに行った私は、同じものをさらに4つ、自宅用とは別に包んでもらう。まだ誰かはわからないけれど、誰かが喜んでいる顔を思い浮かべる。ちょっとしたギフトを買うときは、いつもふわっとやさしい気持ちになる。

ハンドソープやハンドクリーム、フレグランス、ヘアトリートメント……。自分が使ってみて「これ、よかったな」って気に入ったものや、かわいいなって思ったものがあったら、手土産用に余分に買っておくことにしている。何かのお返しってわけじゃないし、買っておいてうっかり渡しそびれることもあるんだけど、自分の好きな人が少しでも喜んでくれたらいいなって思いながら、折に触れ「はい、これ」って渡している。

普段から、「この人は何をしたら嬉しいかな」みたいなことをよく考える。物や行動だけじゃなく、会話でも。楽しくおしゃべりしたいし、何を言ってあげたら元気が出るかな、とか。

私は運が良くて今の自分がいると思っているから、そのぶんまわりの友だちや親しい人たちが困っていたら助けになりたい。力になれることがあったら、いつでも手を貸す準備はできている。全部、自分がやりたくてやっていることだけど、そういう積み重ねがあるからか、まわりが私に対しても「力になれたらいいな」と思ってくれているのも伝わってくる。

お客様に対しても、たまに旅行のお土産とかお気に入りのお菓子を買っておく。メニューと一緒に渡して、「さあ、このどら焼きがどのシャンパンに変わるかな」って冗談っぽく言ってみたりして。変わらなかったことは、今のところないけど。

正しさを捨てて正解にたどりつく方法

声を荒らげるお客様と、ひたすら謝り続ける従業員。キャバクラでは、よくある光景だ。お客様は高い料金を払うし、お酒が入れば怒りの沸点は低くなる。必然、トラブルも起きやすい。その日も「シャンパンが来るのが遅い！」と、ボーイさんに怒鳴っているお客様を見かけた。

一見すると店側の落ち度に思えるけど、そうとも限らない。実際は「満席のところ、どうしてもというから通したんですよ。サーブが遅くなりますがいいですか？と事前に確認しましたよね」という言い分があったりもするんだけど、お客様に「そう言ったじゃないですか」と反論したところで、しょうがない。

サーブが遅いだけではない。指名の子が席についている時間が短い、好みじゃないキャストばかりつける、アフターに行くって言ったのに来なかった……。お客様のクレームには言いがかりに近いものもあるけど、それでも店側の基本姿勢は謝罪あるのみだ。

それは、店側が目指すべきゴールが、お客様に満足して帰っていただくことだから。お客様に「俺が悪かった」と、非を認めさせることじゃない。下手下手に出て謝り続けるのが、キャバクラの正義であり、ときにそれはプライドですらある。

お客様としても、謝られ続けたら反論のしようがないから、いずれ「まあ、もういいよ」と怒りは収まるし、時間が経てば「俺も悪かったんだけどね」となる。これで、一件落着。


正しさを証明しなくても、問題は解決できる。

このマインドは、私も同じ。ただし、相手を立てるというよりは、もっと打算的だ。だって、あまりにも不毛じゃないですか、言い返してまた言い返されて、そんなしょうもないラリーが延々と続くなんて。反論するほど「だからさ、そういうこと言ってんじゃなくて」って、正当性を主張される。だったら、自分から「ごめん」って言って終わらせる。

言い合うターンが増えるほど、お互い怒りも増幅していくし、そのうち過去の出来事まで蒸し返してきて、どんどん大火事になっていく。言い返さなければ、ボヤで済んだのに。

人って、一生怒ってはいられない。
そのときにどんなに怒ったとしても、1年後も同じテンションで怒り続けている人はいない。時間が経てば収まるなっていうことだったら、とりあえずその場は謝ってしまう。言い合いは、1ターンで終わらせる主義だ。

三角チョコパイとウィルコムの長電話

高校時代だけかもしれない、ケンカしていたのは。ケンカできていた、と言ったら、少しノスタルジックが過ぎるだろうか。

街中ではしゃいでいる高校生たちを見かけると、微笑ましい気持ちになる。制服に眩しさを感じる、そんな年齢になってきた。

私が高校生だったのって、もう10年前なのか。

今の制服の着こなしって、厚底スニーカーにショートソックスとか、韓国アイドルっぽくてかわいい。私の頃は、ローファーに紺のハイソ一択だった。そもそも校則も厳しかったし、ギャルでもなかったから、着こなしとかあんまり考えてはいなかったけど。

あの頃、どんなふうに過ごしていたかな。

クラスでは、特定のグループに属するわけでもなく、かといって一匹狼でもなく、みんなとふわっと仲が良かった。そういうところは、今と変わらない。でも、違うクラスにMちゃんっていう親友がいたから、授業以外の時間はいつも一緒、いわゆる〝ニコイチ〟だった。


Mちゃんとは今でも仲良しだけど、当時はよくケンカもしていた。Mちゃんは、ちょっと近寄りがたいくらいかわいくてみんなの人気者だったけど、勉強はそんなに得意じゃなくて。そのことをからかいすぎて怒らせちゃったこともあった。高校生のケンカの理由なんて、今考えると本当に些細なことで。それでも、あの頃の私たちは（そして、きっと今まさに高校生の女の子たちも）、私たちなりに真剣に生きていたのだ。

女の子とケンカするなんて今では考えられないけど、ケンカしてもすぐ仲直りできるくらい距離が近かったともいえる。

私は帰宅部だったから、部活に入っていたMちゃんとは、放課後は別行動。私は、まっすぐ家に帰って、家で寝てるか、本読んでるか、パソコンいじってるか。我ながら、地味な青春である。

実は、学校もよくサボっていた。朝起きて、「ねむ、行きたくない」みたいな。そう、あの頃の私は、とにかく眠かったのだ。

よく、夜更かしして長電話をしていたからかもしれない。

当時はウィルコムが流行っていた。料金が安くて、確か、ウィルコム同士なら通話料無料だったのだ。相手がウィルコムじゃなくても10分までなら無料だったから、10分話したら一回切って、またかける。それを繰り返しているうちに寝落ちして結局電話代が10万円を超えちゃったことがあって、そのときはさすがに両親にこっぴどく叱られた。

そのときウィルコムは2台目の月額料金が無料だったから、2台目は彼女とか友だちに渡すっていうのが定番で、それを持っているのがちょっとしたステータスだった。

私は、彼氏はいなかったけど、よく長電話する男の先輩はいた。たぶんお互いちょっといいなって思っていたけど、特にそれ以上の関係に進むわけではなかった。電話の話題も、学校で先生に怒られたとか、マックで三角チョコパイが発売したねとか、そんな他愛もないものだった。

そういえば、その電話の次の日、先輩がわざわざ三角チョコパイを買って、私の教室まで届けに来てくれたんだった。先輩はサッカー部で、下級生の間でも人気者だったから、「誰に用事なんだろ!」って教室がザワついて。嬉しいような恥ずかしいような、くすぐったい思い出。


あの頃、どんなことで喜んでどんなことで落ち込んで、どんなことで傷ついていたのか、もうあまり思い出せない。当時の私は、今の自分から見たら無神経で生意気で、言わなくてもいいことまで言っちゃって。

でも、そうやって何回もケンカしたり、そのたびに仲直りしたりしていた友だちが私にもいたんだって、そのことは、忘れないでいたい。

1割では少なくて、3割では多すぎる

同じキャバクラでも、東京と大阪では、文化が違う。

それは、お客様のキャバクラの楽しみ方もだけど、女の子同士の関係性は、もっと違うと思う。東京と比べて、大阪って女の子同士のつながりが強い。横も、縦も。東京だと、先輩のキャストを敬ったり同僚の子を立てたりという意識は薄いし、だから団結力も弱い。でも、だからこそ、そのぶん個人個人で自由にがんばれるっていう一面もある。それは、おそらく大阪だと地元（関西）出身の子が多いのに比べて、東京は全国各地から女の子が集まってきているからじゃないかな。

そんな持論を、大阪から来たお客様に話したことがあった。そのお客様には、「いや、俺が見てきた限りそんなことはない」と、すぐに否定されてしまった。

キャバクラによく行く人ほど、見てきたからわかる、みたいなことを言いがちだ。内心、「いやいや、客だろ。キャバ嬢やったことないじゃん」と思ってしまうんだけど、その都度「まあ、この人が言っていることにも、正しいところがあるのかも」と思い直してみる。争いたくないからってわけでもなくて、そのほうが自分の視野が広がるからだ。そのお客様からしたら、私は東京の人で、大阪を知らないと思うのは、考えてみたら自然なことだ。

キャバクラのお客様に限らず、自分の意見が10割正しいと思っているような人（なぜか年配の男性に多い）と話をすると、自分の正しさを過信するとこんなにも狭量になってしまうんだな、と感じる。自分はこうはなりたくないなって。

だから、相手と真っ向から意見が対立したときは、強く反論するよりも「2割くらいは正しいかも」と思ってみる。一瞬「なんだこいつ。何言ってんだ、おかしいだろ」と思うような意見だったとしても、「その見方もありかも」くらいには。

自分が正しいと思っても、反対意見を受け入れる余地を2割くらいは残す。たくさんの意見を知った上で自分の意見を持つことが、きっと正解に近づくってことだ。なぜ2割なのかといえば、1割だと少なすぎるし、3割だとちょっと無理がある。がんばっても2割が限界だからです。

朝起きて最初にLINEを開く人が好きな人

朝起きて、眠い目をこすりながら、LINEを開く。

緑のフキダシに入った「おはよう」のメッセージに、既読がつく。

ずっと一緒だよとか、いつか結婚しようねとか言わなくていいから、毎日一番初めに「おはよう」って言って、最後の最後に「おやすみ」って言ってね。

あと、「ごめんね」と「ありがとう」は、お互いちゃんと言おうね。それでいいの。

だって、朝起きてすぐにLINEを開く人がいたら、それってめっちゃ好きな人じゃない？

だから、朝起きて「おはよう」って入っていたら、一番初めに私のLINEを開いてくれたのかなって思う。夜、眠るギリギリまでやりとりして、その人にとってその日最後のメッセージが、私への「おやすみ」だったらいいなって思う。

その日の一番初めと一番終わりに挨拶をしたい人は、きっとそのとき一番大好きな人だ。

結婚しようねなんて、別にいくらでも言えるし。私も言うし。

だけど、私に送るより先に「おはよう」なんてほかの子に言ったら、許さないんだから。

No thank youと I'm good

どっちなんだろう。もう帰りたいの？　まだ飲みたいの？

キャバ嬢の友人は、すでにかなり酔っぱらっていた。お酒が好きな子だから、平気で翌日の昼まで飲むこともある。ただ、そのときはお客様もいたし、自分から帰るって言いにくいだけなのかなと思って、気を利かせて「そろそろ一緒に帰ろっか」って言うか、私は迷っていた。

そこで、ＬＩＮＥで「どうしてほしいかちゃんと言って」と送った。

結局、その場ではＬＩＮＥに気づいてもらえなかった。翌日、改めてそのＬＩＮＥを見直してみたら、なんだか怒っている人の言葉みたいに見えてきた。「どうしてほしいかちゃんと言って」ちょっと、強いよね……？

急に不安になって、焦って弁解した。結局、相手は全然気にしていなかったけど。

「そんなつもりじゃなかったのに」「もっと上手く伝えられたのに」そういうもどかしい思いをしないためにも、言葉を、きちんと、たくさん知っておくこと。

言葉を知らないことは、外国語が話せない状況とよく似ている。

例えば、英語で「いかがですか?」と聞かれて、「不要」という意味の返事をしたいとき。「No thank you」しか知らなかったら、そう言ってしまう。でも、それは「結構です」というやや強めな否定だから、少しきつい印象になりがちだ。「I'm fine」や「I'm good」のほうが、日本語の「大丈夫です」のような、やわらかい印象になる。

言葉を知っているか知らないかで、伝わるニュアンスが変わる。「I'm good」の感覚で「No thank you」を使ってしまうと、自分のイメージとずれてしまうかもしれない。

言葉は、ときに誰かを殺せるし、救える。何かを伝えるって、シンプルだからこそ難しい。知識は、誰にも奪えない財産だよ。

弱さは生チョコよりも甘く

チョコレートは、魔性の食べ物だ。

普段お菓子はなるべく食べないようにしているけど、チョコレートだけは別。硬いチョコの中にドロッとしたガナッシュが入っているタイプよりも、口に入れたら一瞬で溶けてしまうような、いわゆる生チョコが好き。できれば、ちょっとビターなやつ。甘酸っぱいラズベリー系のチョコもいい。

ホテルやデパートで好みのチョコと出会ったら、ひとまず買っておく。「そうだ、今日帰ったらあのチョコを食べよう」って、楽しみができるから。

私にとって、チョコレートは自分へのご褒美。あの甘さは幸せそのものなんだけど、それが、今日も食べたな、昨日も食べた、一昨日も……となってくると、ちょっと気を引き締めなきゃいけない。そういうときって、だいたい「最近なんか微妙だな」って感じになっていることが多い。家でだらだら寝ている時間が増えていたり、楽しい予定を立てることが面倒になっていたり。

よくない、よくない。早く立て直さないと。だらけてる自分に気づいたら、あえて自分に少し厳しくして活を入れる。出勤を増やして、ジムの予定も入れる。朝も、普段より早めの時間にアラームをセットして、スキンケアにも手をかける。

チョコレートの甘さに溺れてはいけない。その甘さは、自分への甘えでもあることを、ゆめゆめ忘れないようにしたい。

今も、ジャン＝シャルル・ロシューのチョコをつまみながら、「なんて甘いんだ」って思っている。

だからちょっとくらい不機嫌になっても許してよ

彼が好きっていう有名人が、私の好みでも好みじゃなくても、ちょっと嫌。

女の子は、好きな人がかわいいと褒めた芸能人は、ちょっとだけ嫌いになって、そのくせどうやったら近づけるのかなって思ってしまう、かわいい生き物なんだよなあ。

飛行機通学と、私がモノノフだった頃

何を隠そう、かつて、私は「モノノフ」だった。アイドルグループ・ももいろクローバーZのファンのことを、そう呼ぶ。

私が東京に通うようになったのは、ももクロの影響も大きい。

ももクロを通してできたモノノフ友だちは、早稲田の内部生とか東京の大学に通う学生が多くて、頭がいい子も多かった。しゃべっていてもおもしろくて「やっぱり東京の子は違うなあ」と、思っていた。地元の友だちも大好きだけど、それとはまた違う魅力があった。

今思うとかわいいものだけど、河原でバーベキューするだけで楽しくて仕方なかったし、ライブの帰りに新宿の『赤から』で鍋を食べるだけでも東京を感じていた。

実は、大学受験のときに、一度上京に失敗している。「東京に行くならこの大学しかない」っていう志望校があって、でもその大学は受験した全学部で落ちてしまった。模試を何度も受けて、がんばったんだけどなあ。

そんなわけで地元の大学に進学したけど、東京へはしょっちゅう行っていた。夜の仕事を始めたのも、東京に行きたかったからという理由が大きい。美容室やネイルも、そのときから東京のサロンに通っていた。

大学3年生の終わりに留学する頃には、東京はすっかり通い慣れた街になっていたけど、だからこそ余計に早く住みたかった。地元は嫌いじゃないけど、おもしろくはなかったから。

卒業まで待っていられなくて、留学から帰ってきて、必修の授業がほぼなくなった4年生の後半には、東京で暮らし始めた。

唯一、マクロ経済学の講義だけは出席しなきゃいけなかったから、六本木のキャバクラで働きながら、週1で愛媛に飛行機通学していた。朝7時台の飛行機に乗れば、ギリギリ2限に間に合ったから。講義が終わったら、すぐに東京に戻った。

憧れの街に暮らし始めて、5年が経った。

今でも毎日のように知らない景色を見せてくれて、街中のあちこちに無数の出会いと可能性が転がっていて、自分から手を伸ばせばつかめるチャンスも多い。

そして、今はもう、キラキラなだけじゃない、この街の寂しさも陰の部分も知っている。

私は、これほど人がいて物で溢れていて、いつもキラキラ明るくて、それでもこれほど寂しい街を、東京以外に見たことがない。

でも、だからこそ東京は最高なんだ。

100本のバラより、不揃いの花束を君に

そういうことか。そのことに気がついたときに、思わず笑みがこぼれた。

朝からちゃんと予定をこなした日は、気分がいい。そこに花が飾ってあったら、より気分がいい。花瓶にトルコキキョウを移し替えながら、「あー、幸せだなあ」と、つぶやいてしまう。

とりわけ美容デーの締めくくりには、花を買って帰りたくなる。その日も、ピラティスの帰りに南青山の『Le Vésuve』に立ち寄った。ここは、私の大のお気に入りのお花屋さん。ブーケのセンスもピカイチだし、内装もお洒落でかわいい。何より、都会のど真ん中にあってまるで森のようなエントランスが私の心を癒してくれる。

最近は旅行に出ている期間が長いから花を飾る機会は少し減ったけど、そうじゃなかったら、生活の中にはいつも花があってほしい。見ているだけで心が安らぐし、

やさしい気持ちになれる。

どんな花も好きだけど、特に白い花が好きだ。バラや紫陽花（あじさい）、そしてトルコキキョウ。誕生日でもない、記念日でもない、なんでもない日に花束なんかもらえたら、嬉しくて仕方ない。そんなことは、滅多にないことだけど。

いつだったか、そのとき付き合っていた彼から、風変わりな花束をもらったことがある。あれも、なんでもない日だった。

誰かに贈るための花束って、普通はバランスよくまとまっているものだけど、その日、彼から受け取った花束は、やたらたくさんの種類の花で構成されていて、色も形も統一感のない、なんともまとまりのない花束だった。

呆気にとられながらひとつひとつの花を見ているうちに、ピンときた。

この人、きっと、一本一本、自分で花を選んだんだ。

店員さんに予算やカラーを伝えて花束を作ってもらう。そんなシステムがあること自体、知らなかったんじゃないかな。

「これとこれと、あとそっちも」名前も知らない花を一生懸命に選んでいる彼の姿を思い浮かべたら、可笑しさと愛しさが同時に込み上げてきた。

女の子に花を贈り慣れていない感じもして、それも微笑ましかった。

誕生日にもらう１００本のバラより、なんでもない日のバラバラの花束が嬉しかった。思い出すたびほっこりする、懐かしい花の思い出。

第5章

ひとりぼっちだと感じる夜に

痛みを笑う大人になりたくない

ある日、SNSの質問箱に「めちゃめちゃ仲が良かった友だちにブロックされました。どうしたらいいですか？」っていうメッセージが届いた。

きっと、明日学校に行くのがつらいだろうなって思う。それは、彼女にとって地獄のような苦しみなのかもしれないなと、会ったこともないその子のことを思う。

地獄だなんて大袈裟な、って思う？

そう、大人はみんな忘れるの。自分もそうだったくせにね。


私にも、明日学校に行くということが地獄なときがあった。

小学生の頃、転校生だった私は、いじめられていた。無視されたり交換ノートで仲間外れにされたり、悔しくて情けなくて、でも誰にも言えなかった。

図工の時間に牛乳パックを準備していかなくちゃいけないのに、前日の夜になって、親にそのことを言っていなかったことを思い出した日もあった。あの日も地獄だったなあ。どうしてもお母さんにそのことを言えなかったから、次の日学校に行きたくなくて行きたくなくて仕方なかった。先生に怒られることは、当時の私にとっては死活問題だったから。

そのときには、そのときだけの地獄があるんだよ。

あの頃、私にとって、そして私たちにとって学校が地獄だったのは、視野が狭かったから。世界が狭かったから。子どもは、逃げられないから。

大人になって視野が広がると、その地獄は地獄じゃなくなる。それと同時に、そのとき感じていた痛みも忘れる。それが大人になるっていうことなのかもしれないけど、私はその痛みを「そんなことで」って笑う大人にはなりたくないから。

痛みは、いつまでも覚えておきたい。自分も経験したことなら、なおさら。

メッセージの返信を、「つらいよね」で書き始めた。解決策を提示するのではなく、寄り添ってあげたかった。彼女に、届くといいな。

きっと、いつかあなたにも大丈夫になる日が来るからね。でも、そのときに、今日の日の痛みを忘れないでいてね。誰かに「つらいよね」って言ってあげてね。

ストーリーは色褪せない

一番の宝物は何かと聞かれたら、「オーデマ ピゲのロイヤル オーク」と答えている。

それは1年前に買った時計で、定価は当時で300万円くらい。3000万円する時計も持っているけど、どっちを盗まれたらつらいかっていったら、断然こっちだ。

初めて見たときからデザインが気に入って「欲しいな」と思ってはいたけど、お客様から「そんなに簡単に手に入るものじゃないよ」と教えてもらった。当時からとんでもなく入手困難で、市場ではいわゆるプレ値がついていた。まあでもダメ元で、予約するだけしてみるかって直営店で予約を入れてみたら、ある日、「ご紹介したい商品が……」と、担当さんから連絡が入った。跳びはねて喜んだのは、大学受験の合格発表以来だった。

この話を時計好きの人にしても、にわかには信じてもらえない。何年か待っても、結局出してもらえないこともある時計だから。つまり、普通なら、これは絶対にあり得ない出来事。不思議に思って、「これを私に出してくれたのはなぜですか？」とお店の人に尋ねてみると、こんな答えが返ってきた。

「この時計をご自身のお金で買われる女性は、ほとんどいらっしゃらなくて。私どもにとってプライオリティが高いお客様なので、つけていただきたいなと思ってお出ししました」

そう言われて、私はすごく嬉しかった。今までの自分の生き方を肯定してもらえたような気がした。

この奇跡みたいなエピソードが、私にとってこの時計を特別なものにしている。同じ物を持っている人はほかにもいるだろうけど、このストーリーは私だけのもの。

もし、この時計を失くしてしまって、まったく同じ物を、当時より高い金額で買った誰かにプレゼントされたとしても、きっと前ほどには大切に思えない。

特別な思い出があるものって、誰にでもきっとある。それは、お金を貯めて初めて自分で買ったシャネルのマトラッセかもしれないし、ボロボロになっても捨てられないクマのぬいぐるみかもしれない。

時間が経っても大切なものには、必ず自分だけの物語がある。そして、そのストーリーは色褪せない。

なんとなく心細いような夜には、自分が大切にしているものが抱えているストーリーに思いを馳せるのもいい。その思い出は、自分が案外幸せに生きてきたことを思い出させてくれるはずだから。

嫌われることから始めよう

せっかく誘っていただいたのに申し訳ない、とは思わないようにしている。

キャバ嬢として、私は強気なタイプだといわれるし、自分でもそう思う。お客様にアフターに誘われても「私、アフター行かないんです」と言い切る。はじめましての人にいきなりそんな態度を取っていたら、もちろん嫌われることもある。でも、だからこそ意味がある。

「それでもいい」と思ってくれる人を、探し出すために。

この仕事を病まずに続けていくためには、お客様を「自分に合う人、自分の味方でいてくれる人」だけで固めるのが正解だと思っている。これは、人間関係全般にもいえること。合う、合わないを知るためには、自分を出していくしかない。

私が自分のスタイルを明確にするのは、「私はこういう人間です」という自己紹介であり、「あなたには合わせません」という表明でもある。当然、中には「そういうタイプは好きになれない」という人も出てくる。と同時に、「おもしろい、仲良くなりたいな」と思ってくれる人も、どこかには必ずいる。

誰からも嫌われたくないと思ったら、ある程度の距離は保たなければいけない。相手に合わせていれば嫌われないかもしれないけど、本心を出さなかったら、いつまで経ってもあなたがどんな人間なのかは伝わらない。どんな人間なのかよくわからない人のことを、あなたは好きになるだろうか？

そもそも、誰にも嫌われていない人なんて、どこにもいない。

例えば、私が誰かとすごく仲良くなったとして、その誰かを嫌いな人も、世の中にはいるだろう。となると、その人から見たら、自分が嫌いな人と仲良くしている私のことも、ほんのり嫌いになるわけだから。

つまり、すべての人に嫌われないっていうのはどだい無理な話なのだ。仮に誰にも嫌われていないという人が存在するなら、その人は誰とも関わっていない人だ。嫌われてもいないけど、誰にも好かれていない。

キャバクラでも、当たり障りのない接客をする子が一番売れない。売れている子は、みんな個性が強い。その子なりの独自のキャラが確立されている。私だったら、高飛車で強気って感じかな（笑）。

アンチがいるのは人気の証拠、みたいな言葉もあるように、ドラマに出てるエキストラの悪口を言う人はいない。それは、誰もその人に注目していないから。誰にも好かれていないから。

「自分を好きになってくれる人」を見つけるために、誰かに嫌われることから始めてみる。好かれたかったら、嫌われる覚悟を持つ。

ま、シンプルに誰からも嫌われてる人も、いるにはいるけど。

それが私に見せたかった真実なら

写真が動いて、中から黄色い声が聞こえてくる。

「男友だちと飲みに行く」と言っていた彼氏から、写真が送られてきた。本人はアリバイ作りのつもりだったようだが、うっかりライブフォトで撮ってしまったらしく、がっつり女の子の声も入っていた。バカなのかな、この人……。

大前提として「世の中には、知らなくていいことがある」と思っている。
むしろ知らなければ知らないほどいいし、私に都合のいい現実しか見たくない。
もし彼氏の隠し事が私にバレたら、詰めが甘い、思いやりがないと思ってしまう。
ちなみに、ライブフォトの一件は、そのバカさに免じてそっとしておいてあげた。

もしかして「男子会のつもりで行ったら、女の子がいた」ということだったのかもしれない。だったら、それでいい。女の子がいたなんて、わざわざ言わなくていい。もし知っていた上で行って、嘘をついたのだとしても、それが私を悲しませないためなんだったら許す。ただし、隠し通せ。死ぬまで隠し通せ。そうしたら、男だけの飲み会だったで終わる。それが私に見せたかった真実ということになる。

相手に嘘をつかせたくないから、あえて質問しないこともある。もし嘘をつくとわかり切っているなら、あえて問いただしたりしない。怪しいと思っても、探らない。私に限らず、女の嫌な勘って当たるから。

例えば、10年間付き合っている人がいたとして、実は3年目のときに1回だけ浮気しました、みたいな真実は、知りたくない。せっかく知らずに過ごしてきたのに、って。自分の罪悪感を減らすためなら、言わないでほしい。そこで「正直に言ってくれてありがとう!」なんて思う人いるのかな。いるのか。私は違うけど。

それは世間から見たら浮気だろうし、私から見ても浮気なんだけど、言わないでほしい。

まあ、私も言わんし。

いちばん近くていちばん大切

悲しいかな負のパワーって強いから、良いことが10個あっても、嫌なこと1個でハッピーって吹っ飛んじゃいそうになる。

そういうとき、「これさえあれば、何を失ったっていいや」そう思える存在があったら、強くいられる。「すべてが敵になったとしても、この人さえいてくれればいい」そう思える人が一人でもいたら、目の前が真っ暗になっても復活できる。

私にとって、それはお母さんだ。

うちの母は、ちょっと変わっている。誰に対しても率直に、思ったことをストレートに言っちゃう。ヒヤヒヤすることもあるけど、なぜか憎まれない才能の持ち主だ。例えば、おばあちゃん（母にとっての義母）に「リンゴいる？」って聞かれたとき、「剥かなきゃいけないんで、ちょっと……いらないっすね！」とか、普通に言っちゃう人。それで、おばあちゃんが「じゃあ、剥いてあげようか？」と言えば、「あ、それだったら食べます」って。ほんと、ちゃっかりしてるなあ。

父は父で、愛情表現も率直というか直球というか、とにかくめっぽう〝きほ愛〟が強い。

「きほが生まれたとき、かわいすぎて、看護師さんが交代で見に来てたからね」とか、真顔で言っちゃうような人。赤ちゃんなんかみんな一緒やん（笑）。

祖母も、今も写真を送れば「あら美人さん。素敵ね！」ってベタ褒めだし、とにかく家族には溺愛されっ放しだ。

だから、究極的に私は、母と家族さえいてくれればいい。何があっても、この人には愛されてるからいいやって思えるから。

きっと、一生、私を推し続けてくれるから。

誰がために善意は躍る

キャバクラで働いていると、毎年たくさんの人が誕生日をお祝いしてくれる。

私は、いわゆる「バースデーイベント」というものはしないけれど、サプライズでシャンパンタワーを準備してくれるお客様はいるし、みんなが、かわいいケーキやお花でお祝いしてくれる。プレゼントも、たくさんもらう。


今年も「こんなに幸せでいいのかな」ってくらいハッピーな誕生日を過ごしたんだけど、大勢の人からお祝いしてもらっていると、ほんとに私のことを好きで祝ってくれているのか、お祝いしている自分をよく思ってもらいたいから祝ってくれているのか、なんとなくわかってくるようになる。

正直、わかりたくないときもある。

プレゼントやシャンパンも、「あ、これ何か裏がありそう。見返りを求められてるな」とか、「気に入られておいたほうが得だから、で来てくれたんだな」とか、そういう裏側が透けて見えちゃう人もいる。

「これ、ちゃんとお返ししないと、あとで何か言われるんだろうな」とかね。

もちろん、お祝いしてもらえるだけで本当にありがたいことだから、それだけでも十分に幸せなんだけど、そこに私はいないなあって感じてしまうと、ちらっと寂しさがよぎる。


人からどう思われるかを気にして動くのと、人がどう思うかを想像して動くのと、似ているようで全然違う。前者は利己的、後者は利他的。私は、「どうしたら喜んでもらえるかな」を考えて動く人でありたい。


「この場でどう動いたら、役に立てるかな?」

「今、この人が必要としていることは何かな?」

相手の状況や心情を想像して動いていたら、どう思われるかなんて意識している暇はない。そして、そういう行動のほうが気持ちは伝わるし、何より役に立つ。

確かに、「結果として同じであればいい」みたいなところもあるけど。でも、利己的に動いていると、その下心ってなぜかまわりにバレるし、見えないところで利他的に動いていても、不思議とそれを見てくれている人はいる。

どっちの場合も、少しずつ人からの見られ方が変わってくる。

何より、利他的に動いていると、自分の気分がいい。長い目で見たとき、きっとそのほうが幸福度は高いはずだ。

貸し借りの落とし穴

本来揉めなくてもいいことで、揉めたくない。アルマンドかベル エポックか、人間関係は、そんな些細なことで簡単に壊れてしまうときがある。

人間って、自分がしてもらった良いことってすぐ忘れてしまうのに、やられて嫌だったことはいつまでも忘れない。極端な話、10回良くしてもらっていても、1回でも嫌なことをされたら帳消しになる。だから、何か良いことをしてあげようと力むよりは、不義理をしないほうが人間関係も上手いくように思う。

ただ、少しややこしいのは、この業界では特に「借りを返さない」と、ちょっとしたことですぐに不義理になってしまう。

例えば、アフター先のバーでも、バーテンダーさんがよく愚痴っている。「あの子にお客さんを紹介してあげたのに、そのお客さんを連れて別のバーに行かれた」って。私は、自分がそう言われるのが嫌だから、いつも「私にお客さんを紹介しないで」って言ってる。そもそもアフター、行かないし。

私が同業付き合いを避けるのも、返せない義理を作りたくないから。「私はバースデーにお花を出したのに、あの子は出してくれなかった」とか、相手の不義理を責める話は、日常的に存在している。お互いのお店を行き来するくらい仲良くなったところで、「こっちはお客さんを連れていってアルマンドをおろしたのに、向こうが返してきたのはベル エポックだった」って、自分では恩を返したつもりが、相手からしたら足りていないこともある。

不義理をしないためには、最初から恩の貸し借りをしないに限る。

だから私が人に何か良いことをするときは、打算も義理も貸し借りもなく、ただ純粋に喜んでもらいたいと思えるときだけにしている。バースデーに行くときは、その子が好きだから。少しでも「だから私にも良くしてね」って思ってしまいそうなら、最初から行かない。

やった恩がすべて返ってくるとは限らないし、期待してはいけないけど、ずるいことや不義理をしたら自分も必ず返されるということは、忘れないこと。

それを強さと呼ばないで

「結局あいつはさ、私がいなくたって生きていけるんだよね」

深夜のバー、友だちはそうつぶやいて深いため息をついた。「その気持ち、わかる」と言ってあげたいところだけど、「そっか……」とだけ相槌を打って、それ以上は口をつぐむ。

「あなたがいなくたって生きていける人が、それでもあなたといたいと思ってくれて、しかも付き合うっていう形を取るなんて、よっぽど愛されてるんだね」

本当はそう言ってあげたいのだけど、それで元気になった人をあまり見たことがない。

男女問わず、どうも世の中には、モテる人や恋愛以外も充実している相手を見ると、「私（俺）がいなくても生きていけるんだろうな……」と、落胆する人が多いらしい。
私も、元彼に、事あるごとに「きほはさ、別に俺がいなくても平気なんでしょ」と、言われてきた。確かに、恋人がいなくても私は平気だし、自分で自分を満たすことができる。にもかかわらずあなたと一緒にいるんだから、それって相当好きってことなんだけど。なんでわかんないのかな。

逆に、何もなくて「きほちゃんだけ」みたいな人が現れたら、「依存できれば誰でもいいのかな」って感じる。空白を埋めてくれれば、私じゃなくてもいいんじゃないの?って。でも、仕事も忙しくて友だちも多くて毎日が充実している人が、それでも付き合ってほしいというなら、本当に私のことが好きなんだろうなって思える。

その人がいなくても幸せに生きていくことはできる。でも、その人がいることでもっと幸せになれる。それが自立した大人の恋愛じゃないだろうか。

友だちを乗せたタクシーを見送りながら、あの子の弱さと私の強さと半分にできたらいいのにって、できもしないことを考えてしまった。

広がり続ける世界の中で

バンクーバーは、カナダ第3の都市といわれている。カナダの中では都会だけど、豊かな自然に囲まれた美しい街だ。人口も東京よりずっと少ない。海に行けばビーチでのんびり日光浴をしている人たちがいて、そこらへんでみんなが勝手に音楽を流してお酒飲んで笑っている。真夜中まで煌々と明かりが灯る東京の夜とは違って、スーパーやカフェは夕方には閉店してしまう。この街では、いつも時間がゆっくりと流れている。

今年の夏、7年ぶりにバンクーバーを訪れた。私にとっては、第二の故郷のような街だ。懐かしいホストファミリーに会って、親友と一緒に、たくさん日光を浴びて、たくさん話をした。春に行ったパリ旅行のような豪華さはないけれど、バンクーバーに滞在した10日間は、間違いなく豊かで幸せな時間だった。

外国で暮らすということは、生活習慣や文化、国民性の違いを体感して、カルチャーショックを受けるということでもある。

例えば、会話ひとつとっても向き合い方が違った。日本では相手の話に相槌を打つだけでも会話は成立するけど、カナダでは何も言わないでいると「あなたはどう思うの？」と、必ず質問された。どうやら、聞き役に回ることは「会話に参加する気がない」という態度だと受け取られるのだと知って、最初は戸惑ったものである。

カナダ留学は、私が人生で最初に経験したパラダイムシフトだった。

上京したときも、留学と同じくらいの変化があった。

愛媛にいるときは、愛媛の人しか知らなかった。一見それは当然のことに思えるけど、東京にいると違う。日本中、世界中から人が集まってくるし、愛媛にいたら絶対に会えなかった人たちと、毎日のように出会った。

愛媛に限らず地方に行けば行くほど、学校も仕事もプライベートも、コミュニティや行動範囲の重なる面積が大きくなる。すべてが上手くいっているうちはいいけど、ひとたび逃げ場がなくなると、そこは地獄と化す。

それは、子どもの頃の生きづらさと似ていると思う。子どもって家と学校くらいしかコミュニティがないから、そこに居場所がなくなると〝この世の終わり〟みたいな気持ちになる。

大人になるに連れて少々のことでは動じなくなるのは、進学や就職、ライフステージや環境の変化を経験することで視野が広がり、ほかにも選択肢があるということに気がつくからだ。

もしも今、あなたが〝この世の終わり〟を感じるような絶望に瀕しているのならば、今すぐに知らない景色を見に行こう。それは旅行でもいいし、新しく誰かと知り合える場所でもいい。何か趣味を始めてみるのもよさそうだ。

その出会いは、きっとあなたを救ってくれる。

再びカナダを訪れるまでの月日の中で、私もそれなりに経験を積んで人間的に大きくなっているはずなのだが、実のところ、一番伸びたのは身長かもしれない。何せ私は21歳を過ぎてから5cmも背が高くなったのだから。ホストファミリーやカナダの友人たちにも「きほが大きくなった！」と驚かれた。

文字通り、人は成長するっていうことだ。

なんで傷つけられた側が

「つらいけど、メンタル鍛えなきゃ、やってけないしね」

インスタのストーリーを開いたら、キャバ嬢の友だちが病んでいた。その日はいつになく暗めのトーンで、ある掲示板で自分が誹謗中傷されている心情が切々とつづられていた。

「いつも味方だよ」ってDMを送ってから、ふと思った。
なんで、この子がメンタル鍛えなきゃいけないの？
なんで、傷つけられた側ばっかり強くならなくちゃいけないの？

どう考えたって悪意を持って他人を傷つける人間のほうが悪いのに、強くなることを求められるのは、いつも傷つけられるほうだ。

午前4時、ロキソニンとOS-1の恩義

気がついたら、119に電話していた。

2年前の夏、深夜に耐えがたい腹痛に襲われた私は、ベッドの上でのたうち回っていた。いや、正確には、のたうち回る余裕もなかった。冗談ではなく、少しだけ死を覚悟した。

深夜の救急外来には、研修医しかいなかった。何も処置できることがなく「すみません、一度ご自宅へお帰りください」と言われたときに、不安げな面持ちでただそこに佇んでいるだけの青年に殺意を抱いたのは、ここだけの秘密だ。

タクシーで部屋に帰ってきても、激痛が治まる様子はない。なんとかして、病院が始まる朝までしのがなければ。とりあえず鎮痛剤だけでも飲みたいけど、あいに

くロキソニンは切らしているし、こんな時間に開いている薬局もない。そもそも、もう1ミリだって動けない……。

ゴキブリも死にかけのときはIQが上がるっていうから、そのときの私にも同じ原理が働いたのかもしれない。パッとひらめいたのだ。あの眠らない街なら、薬局が開いているんじゃないか。そして、誰かがまだ起きているんじゃないか。

「今すぐ、ロキソニンを買ってうちに来て!」

電話した友人は、案の定、歌舞伎町で飲んでいた。ベロベロになりながらも急いで届けてくれたその人のおかげで、私はどうにか生きて朝を迎えることができたのだ。

持つべきものは、午前4時にロキソニンとOS-1を届けてくれる友だちだ。

すっかり明るくなった街でタクシーを飛ばして、這うようにして病院の受付へ向かった私は、すぐにウイルス性の胃腸炎と診断され、そのまま2週間入院することになった。

そこでしみじみ感じたのは、健康でおいしいごはんが食べられる幸せと、自分のことを心配してくれる人たちがいるありがたさだ。

コロナ禍で面会こそできなかったけど、友だちからはお見舞いの差し入れがたくさん届いた。スポーツドリンクやジュースに始まり、コンビニスイーツをいっぱい買ってきてくれた子もいた。特に嬉しかったのは、ふりかけ。「病院食のおかずはまずいけど、白ごはんだけはまずくないから」って。体が弱ってるときって、こういうやさしさが染みる。

入院してすぐに痛みは引いて、具合もかなり良くなっていたのだけれど、完全に炎症が治まらないと退院できないといわれた。入院生活の間は、ずっとiPadで映画やドラマを見ていた。常に何かをしていないと落ち着かない性分だから、なかなか部屋にこもってずっと画面を見ていることができないんだけど、このときはほかにすることもなかったし。

おかげで、その頃話題になっていた、ドロドロ愛憎劇の韓国ドラマ『Mine』を全話一気に見ることができた。ドラマって、集中して見るとおもしろい！　これも、入院中に得た大事な気づき。

光を差し込ませる魔法

ときどき、昔もらった手紙を読み返すことがある。

人と行き違いがあって落ち込んだときや、人の悪意に触れて心がしぼんじゃったとき。愛犬・ちゅちゅを抱っこしても、ため息が止まらない。そんなときは、手紙を読み返す。

「メンタルが強い」はずの私でも、落ち込むことがあるのかって？　もちろんあります。みんなが落ち込むであろうことで落ち込みます。普通に、私も。

その日、手に取ったのは、17歳の誕生日に親友からもらった手紙だった。もう何度も読み返しているのに、「ずっと友だちだよ」っていう言葉まで読み終えたときには、また少しだけ心が明るくなった。

落ち込んでいるときって、視野が狭くなる。影の中にいるときは、見ようとしても光が見えなくなる。その影に光を差し込ませるために、私は手紙を読む。

3年前に買った洋服もバッグも、どれだけながめていても今さら私を満たしてはくれないけれど、10年前にもらった手紙は、今も読み返すたびに心を温めてくれる。私を好きでいてくれる人たちがいること、愛されて生きてきたことを実感させてくれる。何度だって救ってくれる。

友だちからもらった手紙は全部大事にとってあって、いつでも読み返せるように机の引き出しの中にしまってある。最近は、そこにファンの子からの手紙も仲間入りしている。決して安くないお金を払ってお店に会いに来てくれたとき、ファンクラブのオフラインイベントで初めて会えたとき、お手紙をもらうことがある。

どの手紙も全部、光を差し込ませる魔法をかけてくれる、私の宝物だ。

期待する人は、バカなんかじゃない

「きほはやさしいから、言おうかどうか迷ったんだけど」

親友から、少し改まった調子で切り出されたのは、近頃どことなく私に対して当たりが強いと感じていた、ある後輩のことだった。

たまたま同じ店で隣の席になった親友が、彼女が私の悪口を言っているのを、偶然聞いてしまったのだという。そのことは、しばらく胸にしまっていたのだけど、私が食事をご馳走したり車で家まで送ったりするのを見て、「きほは利用されているだけではないのか？」と心配してくれたらしい。私がお人好しすぎるって。

でも、その後輩は、私のことが嫌いなわけではないと思っている。

それは、直接話しているからわかる。少しくらい、嫉妬も入っているのかもしれない。人間だから嫉妬することはあるし、そのときその場のノリで人の悪口を言ってしまって後悔することもある。人間は本質的に善だ、とまでは思わないけど、少なくても性悪説では考えていない。人は、そのとき置かれている環境や状況でも変わるものだから。

確かに、夜の世界には、人を陥れるために嘘をつく人間や、誰かから奪うという手段を取るしかない人間もいる。それは、愛媛から東京という街に来た私にとってカルチャーショックでもあった。

でも、いくら誰かに騙されたり裏切られたりしても、これから出会う人もどうせ裏切るんだろうな、とは思わない。どんな人にだって良い部分はあるし、悪いところしかない人っていないから。

こういうことを言うと、「また綺麗事言ってるよ」と思われそうだ。

「綺麗事だけで上にいけるわけがない」と思い込んでいる人はいるし、誰だって噂話はおもしろいほうを知りたがるから、私のことを「あいつは汚いことをして成り上がっている」っていう人もいる。私はこの業界内で付き合いがいいほうではないから、わざわざ私をかばって否定してくれる人もいない。

でも、私は、自分がやさしい人間だということを誰よりも知っている。だから、私のようなやさしい人間がほかにもいるということを、信じて疑っていない。会ったこともない人の死さえも悲しく思うことができるし、誰かが誰かにやさしくした話を聞くだけで温かい気持ちになれる。人は、そういうものだ。

その後、後輩とは少し距離を取ったけど、別に険悪な関係ではない。自分から誘うことはないけど、誘ってくれるなら食事にだって行く。話を聞いたときは悲しかったけど、でもやっぱり、これまでの私との付き合いが、私を利用する目的だけだったとは思えないから。

何度絶望しても、私は人に期待するのをやめない。それが私の強さだと思う。誰のせいにもしない。これからだって、全力でまわりを愛していくって決めている。

第6章

寂しさに負けてしまった夜に

しょうもない夜の しょうもない私たちについて

東京の夜は、空白を持て余す者たちにとって、だらだらと長すぎる。上京したての頃の私も、そんな夜の一部だった。

「飲もう」って誘うのは、一人でいるのが寂しいから。理由は、本当にそれだけだった。刺激を求めて東京にやってきた若かりし頃の私にとっては、ひとりぼっちでやり過ごせる夜なんて一日たりともなかった。誰でもいいから、誰かと一緒にいたかった。

まだ友だちどころか知り合いと呼べる人も少なくて、居場所らしい居場所がなかった私は、仕事が終わるとにかく暇で、人の気配に吸い寄せられるように、よく歌舞伎町にあるバーで飲んでいた。六本木は職場だから、別の街に行きたかった。そこに居さえすれば、誰かが話しかけてくれた。「何してるんですか?」って、ほとんどは年下の女の子。次第にその子たちと仲良くなって、飲み歩く友だちも増えた。それはそれで楽しかったけど、飲み疲れて家に帰ってきて「何やってんだろ」って虚しくなる日も多かったな。そういう時期が、半年くらい続いた。
そういえば、結局あの子たちの本名も職業も、何も知らないままだった。

夜中にパッと連絡が取れて飲みに行けるような人は、そのときしか連絡しない人だから、関係性は、薄くて軽い。あの頃は、その軽薄さこそが心地よかったし、私にはそれが必要だったけど、ふとした瞬間にどうしようもなく寂しくなることもあった。

男関係の寂しさを別の男で紛らわす女の子もいるけど、悪いこと言わないからやめておこう。そんなすぐに呼び出せるキープと一緒にいても、満たされるわけがないから。そのつまらなさは、彼の問題じゃなくて、あなたの問題だよ。

生きていると、そうやって自分を誤魔化すしかない日もあるけど、そんな日を積み重ねても得られるものは何もない。心の空っぽな部分が増えていくだけ。

私も、今でもたまに、病んで、お酒飲んで忘れたい！みたいな日もあるけど、そんな日は家で一人で飲む。で、早々に布団に潜り込むようにしている。外に飲みに行くと飲みすぎちゃうし、だいたいろくなことをしゃべらない。で、翌日それでまた鬱になる。もう知ってるんだ、私。

寂しさに負けて夜中に連絡してつかまる男、それで開かれる飲み会は、概ねしょうもないから、そんなことしていないで早く寝なさい。自分がそういうやつになるのもやめなさい。とにかく寝て。夜は、寝る。

愛されないことに慣れてはいけない

DV、モラハラ、借金、浮気、ギャンブル依存症……。質問箱に寄せられるお悩みを見ていると、クズ男のバリエーションの豊富さに驚かされる。
「ヒモ状態で毎日パチンコにしか行かない彼氏が急にホストになると言い出しました。別れたほうがいいですか?」そんな相談が今日も届いていた。もしかして「別れたほうがいいよ」って背中を押してほしいのかもしれないな、と思う。

究極的には、好きなら付き合い続ければいい。私が何を言っても、自分で気がつかないと、きっと彼女は別れられない。でも、それがあなたの自己肯定感を下げてくる男だったら、一秒でも早く離れるべき。

かく言う私も、そういう男と付き合っていたことがある。今思い出しても、あの頃の私はヤバかった。今では考えられないことだけど、自己肯定感は下降の一途をたどっていた。私はダメだって自分で自分を否定して、いつも彼氏に対してビクビクしていた。自己肯定感のかたまりみたいな私でも、日常的にバカにされたり怒られたりしていると、簡単にそうなってしまうのだ。

以来、どんなに好きでも「このまま一緒にいたら自己肯定感が下がりそう」と感じたら、すぐに距離を置くようにしている。


どんなにつらい状況も、毎日続けば日常になる。それに慣れると、自己肯定感は死ぬ。だから、ここまでっていう限界や境界線は決めておいたほうがいい。

私は、彼と一緒にいるときの時間を天秤にかけて判断するようにしている。一緒にいて「楽しい、幸せ」って思える時間が多いうちはまだいいけど、「苦しい、悲しい」と感じる時間が増えて天秤が傾いてきたら、もう先は長くない。

ある日、「おやすみ」って言わなかっただけで怒鳴られて罵倒された瞬間、天秤が傾くのを感じた。


とにかく、自己肯定感を下げてくるような男からは、すぐに逃げること。あいつら、骨の髄までしゃぶってくるよ。とにかく逃げて。取り返しがつかなくなる前に。

あなたは、絶対に愛されるべき人です。

職場における挨拶と、その効能について

キャバクラでは、同じ卓に指名の女の子が2人いた場合、その卓の売上は割れる。基本的には折半なんだけど、「今日は私の誕生日だからシャンパンがいっぱい開いたのに」と、シャンパンを割る、割らないで揉めるのも、まあよくあることで。そんなときは、「どうぞ」って私は譲るようにしている。

損得がぶつかるときは相手に譲るっていうのは、人に好かれる、いや、嫌われない大事な要素だと思う。

人の悩みの9割は人間関係、とはよくいわれることだけれど、その中でも職場の人間関係に悩む人は多いみたい。今日も、「お昼休みが同僚の悪口大会で萎えます。でも、抜けたら今度は自分が標的にされそうで……」と、ランチタイムのお悩みをつぶやいたメッセージが届いていた。

円満な人間関係を考えたら、もちろん職場で好かれていたほうがいいけど、好か

れることと仲良しこよしすることは違う。まして、お昼休みにおしゃべりすることが好かれる方法では、決してない。

私は、職場では好かれている……かどうかはともかく、少なくてもほかの女の子とトラブルが起きたことはない。でも、別に特別に仲が良い人がいるわけでもない。トラブルは人間が運んでくるから、むしろ必要以上に仲良くならないように気をつけているし、積極的に同業付き合いをするタイプでもない。

実は、仲が良ければ良いほど、されて嫌なことって増えるから。

例えば、挨拶をして返事が素っ気なかったとして、それが好きでも嫌いでもない相手だったら「タイミング悪かったのかな、ふむ」と思って終わりにできるところを、相手が仲が良い人だったら「私、なんかしたかな？　嫌われたのかな？」って気になっちゃう。でも、ここは職場だから。そんな心配をしたところで、仕事では1円にもならない。深く関わる人間は、プライベートだけでいい。

特に私の職場は、ある意味でお客様を取り合う場だから、まわりはみんなライバルともいえる。だけど、助け合う場面だって多々あるから、誰かに嫌われていいことなんてひとつもない。そこで私が心掛けているのは、「お礼を言う」「挨拶をする」「困っていたら助ける」そういう、ものすごく当たり前のことだけ。

ただ、挨拶やお礼をするときは、相手の名前を呼ぶことは意識している。自分自身が、単に「おはようございます」だけよりも、「きほさん、おはようございます」と言われたほうが嬉しいと思うから。

職場の人間関係って、「こんにちは」って笑顔で挨拶しておけば、悪口言われる要素ってかなり少ない気がする。事情はいろいろあるだろうけど、みんな感情的に関わりすぎな面もあるんじゃないかな。もっとドライでいいのに。

それでも悪口を言われてしまう？　だったら言わせときゃいいんですよ。悪口や陰口なんて、誰がどう見たって言われたほうの勝ちでしょう。

伝言ゲームの不確実性

タイムラインに流れてきた投稿を見て、何度もうなずいてしまった。発言の主は、薬の処方について「なぜ今目の前にいる専門家の言葉を信じず、誰が書いたかもわからないネットの情報を鵜呑みにするのか」と嘆く薬剤師さんだった。薬局にも、そういう人が来るんだなと思った。

ＳＮＳでそれなりにフォロワーが増えてくると、勝手なことを書かれることも多くなる。そのたびに、「どうしてみんなこの誰だかわからない人の言うことを信じるんだろう？」と、不思議に思う。証拠の写真が載っているわけでも証人がいるわけでもない、ただの文字の羅列。それを見て「そうだったんだ！」って無邪気に信じ切って、あまつさえ拡散までしてしまうのは、なぜなんだろうって。

カナダに留学していたとき、授業の合間に伝言ゲームをしたことがあった。

８人１組になって、まず先生が各組の１人目だけに、例えば「ジョンは一昨日、エマからもらったバナナを持って学校へ行き、ソフィアのレモンと交換した」といった一文を耳打ちする。それを1人目から2人目、2人目から3人目と、1人ずつ耳打ちで伝えていって、8人目が伝言された文章を発表する。

それだけ？って思ったでしょ？　でも、結果はもうめちゃくちゃ。ジョンがダニエルになっていたり、バナナがリンゴになっていたり、学校ではなくパーティーへ行っていたり。終わった後で「そんなこと言ってないよー！」ってみんな大笑い。

そして先生が最後に一言。

「さて、5分前に、同じ空間で、直接伝えたとしてもこの結果です。人伝いの言葉を、むやみに真実だと思ってはいけないわ」


SNSに溢れている根拠のない噂話は、膨大な人数を介して行われている伝言ゲームなのだ。情報元が誰であっても、ネットの波に流されていく中で、言葉は原形を留めなくなる。じゃあ、誰の言葉を信じたらいいのか？　結局は、みんな自分が信じたいものを信じているだけだ。

私も、自分の信じるものを信じる。でも、信じるからには、覚悟を持って信じる。信じることには責任が伴うっていうことを、忘れない。

今だけを見つめて

「コンコルド効果」という言葉をご存知だろうか。

もともとは金融業界の用語で、それまでに投資した時間や手間、お金を惜しんで、損失を膨らませてしまう心理現象を指す。投資の勉強をしたときに覚えた言葉だ。

つまり「もったいない」という感情で決断力が鈍って、ドツボにはまるみたいなことで、投資でいうと損切りできない心理。

もっとシンプルに〝執着〟ともいえる。

それまでに過ごした時間が長ければ長いほど、乗り越えてきたものや思い出があればあるほど、離れがたくなる。恋人や友だち、会社などに執着するのは、コンコルド効果が働いているからだ。ちなみに、キャバ嬢にハマる男性の心理もこれです。

それ自体は、仕方がない。人間の脳は、そういうふうにできているのだから。

それをわかった上で、どうすればこのコンコルド効果に抗えるのかというと、今だけを見ることだ。

今に至るプロセスやそこでの努力、あるいは思い出ではなく、結果として今、どんな状況になっているのか。今の状況は、自分にとって幸せといえるのか。過去も未来も見ない。

踏み切れないのは、あのときはよかったという未練で過去を見ているからだし、これから良くなるかもという欲目で未来を見ているから。

現在だけを見つめて、合理的に判断する。


私は、常に今しか見ていないので、現状が自分の幸せにつながっていないと思ったら、人にも物にも執着せずにすぐに撤退するようにしている。損切りは、一秒でも早くしたいタイプなので。逆に、見切りが早すぎて損することとならたまにあるかも。

港区おじさんの友だちはバーテンダー

港区に住んでいるお金持ちの独身男性の〝友だち〟は、バーテンダーだ。

知らない人にとっては、どういうこと?という話だと思うが、私たちの業界では、結構あるあるだ。港区おじさんがお金の使い方を間違えると、バーの店員を友だちだと勘違いして変なお金の使い方をしてしまうのだ。


お金は、稼ぐよりも使うほうが難しい。

そもそも、お金を稼げる人は、お金の使い方が上手い。いわゆる「貧困女子」についての本も読んだけど、彼女たちには、とにかく情報がない。だから、皮肉なことにお金がある人よりもずっと無駄遣いをしている。

お金を稼げるようになった後も、価値を創造できる使い方をしなければ、人生は豊かにならないし、幸せにもなれない。例えば、今までお金がなかった人が、仮想通貨で一発当てて「億り人」になっても、何をしていいかわからない。そういうお客様が、とりあえずということでキャバクラへいらっしゃることがある。ただ、こういう消費行動には、キリがない。

六本木のキャバクラへ行って、海外のリゾート地に旅行して、ブランド物の腕時計を買って、高級外車を買って、毎日お寿司や焼肉を食べる……そこから先は？

一通りやったら、もう買うもののグレードを上げるくらいしかやることがない。そうすると、今度はそういうものに価値を感じる人たちでまわりを固めなきゃいけなくなってくる。それ自体が悪いわけではないけど、そういう人付き合いには、必ず天井がある。金銭感覚が狂うと、まずそれまでの友だちと疎遠になる。女性は寄ってくるけど、損得勘定で好意を装っているだけなんじゃないかと、つい疑心暗鬼になる。その心の隙間に、男性のバーテンダーがするりと入り込む。「俺たち友だちじゃないですか」って。もちろん、バーテンダーにとっては、ただの営業だ。

こうして、消費行動を突き詰めた港区おじさんの友だちは、最終的にバーテンダーになる。

キャバクラでお金を使うことも、もちろん消費行動だ。でも、同じ額を使っても、愛されるお客様と嫌われるお客様がいるから、やっぱり使い方に差はある。

女の子を〝金で買った商品〟としてしか見ないと、自分も金としてしか見られなくなる。私たちも人間だから、人として見てくれる人のことは、人として見る。嫌われているお客様が、お金がなくなって来なくなったら「あの人やっと来なくなった」で終わる。でも、好かれているお客様が来なくなったらみんな心配するし、何か手助けできることはないかなって思う。キャバ嬢には、人脈があるから。それは、そのお客様が使ったお金で価値を創造できた、ということになると思う。

さて、私はどうお金を使っているか。

「自分にお金があるうちは、まわりの人に使う」と決めている。ちょっとしたプレゼントや手土産はしょっちゅう買うし、どんなに遠回りでもタクシーは最後に降りるようにしている。私にとって、人が喜んでくれること以上に嬉しいことはない。遠慮されることもあるけど、「大丈夫。私がお金なくなったときに、おむすびとかおごって」と言って、なるべく払わせてもらっている。

もっとも、お金持ちの友人も多いから、結局は割り勘になることも多いのだが。

お金を使えば心の通う友だちができるわけじゃないけど、使い方次第で友だちの種類は変わってきてしまう。

今日も反省をたくさん
しているみたいだけど、
反省した数だけ
自分の良かったところも
見つけましたか？

その涙を要らないなんて言わないで

感情が、自分の幸せを邪魔してくるときがある。

「彼のことは大好きだけど、私を幸せにしてくれる存在ではない」

自分にとって最大のメリットを取るとき、感情が邪魔になることがある。この気持ちさえなかったらいいのにって。

怒ったり悲しくなったりして苦しくなると「楽しいとか嬉しいとか以外のマイナスな感情なんていらないのに」そう思うことがある。でも、それがあるから私は私だし、あなたはあなたなんだ。

昔、おばあちゃんと一緒に観に行った『インサイド・ヘッド』というアニメ映画に、そのことを教えてもらった。

作品の舞台は、ライリーという女の子の頭の中。主人公は、「ヨロコビ」「カナシミ」「イカリ」「ムカムカ」「ビビリ」という5つの感情を擬人化したキャラクターたちだ。この5人（5匹？）が、感情を失くしたライリーを元に戻すために大冒険を繰り広げる、というのが物語のあらすじ。

悲しいことがあるから喜びも大きくなるし、怒りがあるから困難にも立ち向かえる。感情があるから、その人らしく生きられる。感情の起伏がなくてまったく悲しまない人を、人は魅力的だとは思わないだろうから。

でも、感情は、ときに暴走する。私も感情に支配されやすいタイプだから、感情をコントロールすることは、今の私にとっても大きなテーマになっている。自分の中で感情が強くなりすぎたら、ただ抑え込むのではなくて、きちんとその感情を認めることで、コントロールするようにしている。悲しいときは悲しんで、怒るときは怒って、その中でバランスを取る。

さて、この映画、まったくそんなつもりではなかったのに、クライマックスでは、よもやよもやの大号泣。あまりにも人目もはばからず大泣きする私に、おばあちゃんもちょっと引いていた。どうも、私のインサイド・ヘッドは「カンドウ」が暴走しやすい傾向にあるようだ。

やさしさは奪われることではない

組織心理学の概念では、人間の考え方や行動は、次の3つに分類されるという。人から奪う「テイカー」、人に与える「ギバー」、そしてギブ&テイクの「マッチャー」。

ところで、やさしさってなんだと思いますか？

人に親切にするのはやさしさだし、人を手助けするのもやさしさで、人を許せばやさしい人だといわれる。しかし、中には、そういうやさしさにつけ込んで利用しようとする人もいる。だから、やさしさの取り扱いは難しい。

私は、自分では「ギバー」だと思うけど、誰にでもやさしくしているわけじゃない。信用できない人、利用しようとする人、リスペクトできない相手を喜ばせようとは、もちろん思わない。そつなく接するだけ。奪われないために、与えない。

自己犠牲的なやさしさもやさしさの一種ではあるのだけれど、それこそ「テイカー」の格好の餌食になる。奪われ続けていたら、いつか空っぽになってしまう。長期的に見て成功するのは「ギバー」だという。これは、利他的に生きることで信頼やチャンス、協力者が得られるから。しかし、最も成功しないのも「ギバー」らしい。それが、自己犠牲で「テイカー」に搾取されてしまった人たちだ。

そのやさしさが自己犠牲かどうかは、自分の心を覗いてみればわかる。行動の根底に、嫌われたくない、私さえ我慢すれば、そんな気持ちが潜んでいるかどうか。

やさしくあるためには、強さも賢さも必要だ。自分が悲しいときでも人にやさしい言葉をかけてあげることができる強さだったり、お節介にならないように相手の利になる行動を取れる賢さだったり。いつでも手を差し伸べることができるように、自分に余裕も必要だ。

誰かに尽くしたり世話を焼いたりするのは、やさしいようでやさしさじゃない。少なくとも、彼氏の部屋の掃除を毎日するのはやさしさではないと思うから、今日からやめましょう。

敵でも味方でもなく

犬はいい。毎日毎日、一緒に住んでいる犬の写真を撮ってSNSに上げている人って、絶対に幸せだと思うのだ。少なくとも、毎日SNSで誰かの悪口を言っている人よりかは。

私にも、当然悪口を言ってくる人はいて。そういう人たちの相手をすることはないし、基本的にまったく気にもしていないのだけど、たまに魔が差して、どんな人が私のアンチなんだろうと思って、リプライを遡ってアカウントを覗きに行くことがある。

そういうアカウントは、匿名であろうがなかろうが、すべての投稿が悪意に満ちていて驚く。私だけを叩いているわけではなく、誰かをけなすか、批判するか、悪口を並べ立てるか。やたらと批判的で、攻撃的で、そして例外なく被害者意識が強い。

「何と戦っているんだろう？」皮肉ではなく、世界中が敵ばかりで大変だろうな、と思う。気に食わないものばかりに囲まれて生きるのは、誰だってつらい。自分がそうなるのはいくらメンタルが強い私でも耐えられそうにないから、「悪口は言われたほうの勝ち」と思うようにしている。

アンチは、なぜかオーディエンスを求める。みんなにそうだよねって共感してほしいのか、あなたは間違ってないよって肯定されたいのか。腹を立てるのも批判するのも自由だ。誰かのことが嫌いなら、好きなだけ嫌えばいい。ただ、他人に同意を求めるのは、弱さだ。人一人くらい、一人で嫌え。

ただね、私はそういう人たちに、ちょっとだけ同情もする。強い言葉で誰かを非難したり平気で人を傷つけたりする人の心って、たぶんもうボロボロだから。他人を攻撃する前に、まずは自分の身を守ってほしい。まわりは「もうフラフラじゃん！」って思って見てるよ。世界中みんなが敵に見えているかもしれないけど、みんな敵でも味方でもなく、ちゃんと他人だよ。

また、やってしまった。キッチンには、空になった『どん兵衛』の容器が無造作に置いてあった。

食べた記憶がないわけではない。昨晩、酔っぱらって、ほくほく顔でお湯を注いで、「おいしいなあ、やっぱどん兵衛だよなあ」って、しみじみ思ったのだ。

少し幸せになる方法と、もっと幸せになる方法

スタイルが崩れると、自分の精神に良い影響を及ぼさないから、食事量には気をつけている。ただ、まったく食べないのは、体の健康的にも心の健康にも良くないから、少しだけ食べる練習をするといいと思う。

少しだけ食べる、つまり食べる量を減らすためには、まずはゆっくり食べること。あとは、もう少し食べたいと思っても「あー、お腹いっぱい」と口に出してみると、そんな気がしてくる。そうやって食べすぎないことに慣れると、徐々に少しの量で

満足できるようになってくる。私は、食欲を抑える漢方薬を飲むこともある。

少し幸せになりたければ食べればいいけど、もっと幸せになるためには食べすぎてはいけないの。毎日、自分に言い聞かせている。

ま、わかってはいるんだよね。みんなだって、きっと。

わかっていても食べすぎてしまうときは、ある。お酒を飲んだときは、特に。そういえば、『どん兵衛』だけじゃなくて、たまに無性にカップ焼きそばの『U.F.O.』も食べたくなる。最初の一口は「めっちゃおいしい！　最高！」ってなるのに、完食した後「別にめっちゃおいしい！ってわけではなかったな……」ってなるあの現象に、名前をつけたい。

まあ、でもさ、急には痩せないように、急には太らないし。いけるいける。

『どん兵衛』の容器をゴミ箱に捨てて、気を取り直す。さて、今日は何を食べようか。

寂しさのオーバードーズ

その日、質問箱に届いた「不倫がやめられません」というメッセージを読みながら、なぜ彼女が2番目の女でいいと思えるのかを、ずっと考えていた。

不倫についての私の立場は「反対」である。それは、道義に反するから、ではなくて、誰かの2番目になるなんて私には考えられないからだ。

私は、私のことが大好きな人しか好きになれないから「2番目でもいい」という人の心を理解できない。だから、ここから先は、全部推測に過ぎない。

2番目に甘んじているのは、「その彼ですら、いなくなったら寂しいから」なんじゃないかな？　1番に私を想ってくれる人じゃなくても、いないよりマシだから。それほどに、あなたの〝寂しさ中毒〟が深刻ってことなんだよ、きっと。

私自身は、寂しさに負けてしまう気持ちが、よくわからない。正確には、寂しいと思うことはあるけど、寂しさをすべて排除することは、ハナから不可能だし不自然だと思っている。でも、寂しさの総量が適切な値を超えたら、とても苦しいよね。それは、私にもわかる。

その寂しさに負けて、どこかに「私の孤独を埋めてくれる、絶対的な居場所になってくれる人がいる」と勘違いしていると、〝寂しさ中毒〟を起こしやすくなる。誰にも絶対的な居場所なんてないのに。人は、みんな孤独だ。

そのときそのときは勘違いできたとしても、「やっぱり違った」「この人も違った」と、失望する日が必ずやってくる。そのたびに寂しさが募り、ときに絶望にまで至る。「2番目でもいいや」と、思ってしまうほどに。

ひとつのものにすがると人は弱くなっていくから、〝寂しさ中毒〟の処方箋としては、小さくてもいいから、居場所をたくさん持つことをおすすめしたい。仕事、趣味、友だち、習い事、推し活……私も、いろんな居場所を作って、それぞれに広く浅く依存している。

不倫でも、セフレでも、本当に好きなら、好きなままでもいい。

でも、その人とは別に好きなものをなるべくたくさん見つけて、何か新しいことを始めてみてほしい。テーブルの脚が1本でも2本でも3本でもなく、4本あって初めて安定するように、居場所もたくさんあったほうが自分をより強く支えてくれるから。

絶対的な居場所はないかもしれないけど、あなたを1番に大事にしてくれる人は、この世に必ず存在する。だから、寂しさに流されないで。その人を見失わないように。

第7章

将来が不安で眠れない夜に

ポルシェと幻のVERY妻

井川遥さんが好きで、大学生の頃から、雑誌の『VERY』をよく読んでいた。女性から見てもかっこいい女性。

一昔前の『VERY』といえば、都内23区内のタワマンに住んで、セカンドカーはアウディ、ベビーカーはバガブー、ステートオブエスケープのマザーズバッグに、デイリー使いのバッグはエルメスのピコタン。旦那さんは外資系企業に勤めているやさしいイケメンで、子どもは名門私立大学系かインターナショナルスクール系の幼稚園に通っていて、週末はお洒落して、ポルシェに乗って家族でお出かけ。『VERY』が描く理想の女性像は、わかりやすくて、おもしろかった。

最近は、時代に合わせて『VERY』が打ち出す女性像も、誌面の構成もかなり様変わりした。それでも、年収の高い男性と結婚して、悠々自適のキラキラ専業主婦ライフを送るセレブ妻、いわゆる〝ＶＥＲＹ妻〟に憧れる女性は、今でも少なくない。

正直、私だって、イケメンでやさしくてお金持ちで浮気しない人が旦那さんだったら、ＶＥＲＹ妻になりたい。でも、そんな男性本当に実在する？　まあ、どこかにはいるんでしょう。ただし、そんなどう考えてもみんながいいなって思うようなハイスペックな男性は、まず見つけること自体が難しいし、男女として出会うのはもっと困難だ。仮に運よく出会えたとしても、そこからお付き合いするとなると、さらにハードルは上がる。しかも、結婚するためには、お互いが結婚を考えるタイミングまでそのお付き合いが継続している必要がある。

さらに、ハイスペ男性と結婚して専業主婦の座に収まったとしても、実は旦那さんがモラハラだったりどケチだったり浮気性だったりマザコンだったりするかもしれない。親族付き合いだって、妊娠・出産・育児だって、上手くいくとは限らない。何かあったとき、もし専業主婦なら、おちおち離婚だってできない。そういうあらゆる負の可能性まで想像してしまうのは、私の悪い癖なのだが。

とにかく、あまりにも不確定な要素が多すぎるのだ。本当にいるかどうかもわからない、実現できるかどうかもわからない、そんな幻みたいなものに自分の幸せをベットするより、自分で自分を幸せにするほうが絶対に楽だし実現性も高い。

私のメンタルの強さは、間違いなく経済力に支えられている。

自分で稼ぐ力をつけて、自分のためにお金を使う。別に、億万長者になる必要はない。インスタで見たかわいいカフェに行って2000円払えるとか、好きなモデルがプロデュースする2万円のワンピースを迷いなく買えるとか。やりたいと思ったことや欲しいと思ったものにさっと手を伸ばす自由を、お金は与えてくれる。

そもそも、自立した男性は、自立した女性にしか近寄らない。最近の『VERY』が打ち出す女性像も、高収入なイケダンに加え、自身もビジネスで成功したワーママで、世帯年収1500万、2000万、みたいな世界線になっている。

時代は変わったのだ。

女性の自立には、経済力が必要だ。ポルシェには、乗せてもらうんじゃなくて、自分で乗るんだよ。

ルッキズムを飼い慣らせ

地元の松山でほとんど唯一といっていい映画館、衣山のシネマサンシャインで『ヘルタースケルター』を観たのは、もう10年以上前になる。沢尻エリカさん演じる主人公・りりこの発する言葉のひとつひとつが、当時ルッキズムの呪いに侵されていた私の心に刺さりまくった。

「きれいじゃなくなったら、きっとみんな私から離れていく」

そのとき私は16歳で、もうSNSを始めていたから、ちょうど美容整形に関する情報も入り始めていた頃だった。とにかく自分の顔が気に食わなくて、そのくせ顔に執着して、目も鼻も口も、全部を取り換えたかった。

高校生になった私は、中学生までかけていた分厚いメガネをコンタクトに替えて、それだけで周囲の反応が露骨に変わるのを実感していた渦中にあって、「世の中そんなもんだよな」って思っていた。りりこに自分を重ねて、りりこは私だって思った。

若い頃は、ルッキズムに陥りやすい。学生時代に他者から評価される要素はごく限られていて、その中でも容姿は最もシンプルだ。みんな簡単に比較するし、比較される。

でも、大人になってさまざまなコミュニティの中で、容姿以外の要素を人から評価される経験が増えることで、相対的にルッキズムが薄まっていく。世界が広がって、自分の価値は容姿だけじゃないんだって認められるようになってくる。

10年経って私も大人になり、りりこへの共感からは、少し距離ができた。今ならもっと、美に執着する危うさや、そうなってしまった原因といったものに注目すると思う。

ただ、今、夜職をやっている子たちがこの映画を観ても、やっぱり共感すると思う。そこには、まさに私たちが抱えているルッキズムに対する普遍的な悩みが描かれているから。

物語の最後に、検事役の大森南朋が、こんな台詞を言う。

「若さは美しいけれども、美しさは若さではないよ」

美しさが若さだとしたら、どんどん次が出てくる。実際に作中にも、りりこより若くて美しいモデルが現れる。どんなに美しくなっても、そういうものに打ちのめされる。だから、美って完璧なものじゃない。幸せを手に入れるために不可欠なものじゃない。

今は、私が年を取って美しくなくなっても、私を必要としてくれる人がいると思える。案外「世の中そんなもんでもない」よ、きっと。

〝やりたいことがない派〟から見た将来に向けての一見解

「将来どうしようと思ってますか?」

今日も、配信中のインスタライブの画面に、素朴な質問が流れてくる。夢や理想や目標を、よく聞かれる。正直に告白すると、私に将来の展望みたいなものは、一切ない。そのときそのとき短期的にやりたいことはあるし、それは概ね叶えてきているけど、それが将来の夢かといったら、全然違う。私は、どうなりたいかという質問には、一生「別にないです」と答え続ける人間なのかもしれない。

刹那的なんですよ、私。

そう答えると、決まって「それで不安にならないですか?」という質問が続くわけだけど、意外とね、それもないんだな。

やりたいことがある人は、それはそれですごくいいことだと思う。ゆるぎない夢や目標があったら、生きるための原動力になるから。でも、もし今あなたに夢や目標がなかったとしても、「やりたいことがない」っていうのを悩みにカウントする必要はないんじゃないかな。やりたいことを無理やり探すより、今できることを精一杯やっていくっていうのも、十分に未来につながっていると思うから。

与えられた仕事をこなす、課題に取り組む、今自分ができることにベストを尽くす。そうやって生きていると、自分の中に経験や知識、スキルが積み上げられていく。できることはちょっとずつでも増えていくから、その中から得意なことや伸ばしたいと思うものを見つけるっていうのも、悪くないよ。

私自身も、今できることを精一杯やっているうちに、自然と自分に向いているほう、良いほうへと進んでいけているなって思うから。

逆説的だけど、「夢や理想や目標がないから、挫折もない」というのも〝やりたいことがない派〟の良いところ。目指しているものがないから、別に何が起こっても落ち込まないし、今できることに最善を尽くす方針で生きていると、対応力も磨かれる。

自然災害然り、コロナ禍然り、物理的に不可能なこと以外はすべて起こり得るのが今の世界だから、人生いつ何が起きるかわからない。目標を立てていたとしても、それが実現不可能になってしまうことだって、よくある。そんなとき、状況に合わせてしなやかに対応していく力があったら、希望が持てる。

そういう対応力こそ、私は大事にしたい。


今は、聞けば日本中の誰もが知っているような場所に住んでいるけど、死ぬまで都心の一等地に住んでいたいっていう願望も、特にない。故郷の愛媛に帰ってのんびり暮らすっていう未来が訪れても、全然いい。そのとき一番いい選択ができればいいや、そのとき一番幸せだったらいいや。

そのときそのときを、生きていくだけ。

夜、寝室にいるときは、誰だってひとりぼっちだ

結婚する理由として「老後に一人じゃ寂しいから」って答える人は少なくない。

そういう人に聞きたいんだけど、じゃあ自分の孤独を埋めるために、結婚して子どもを作るの？　ちょっと意地悪な質問だけど、寂しさを埋めるために結婚する、出産するっていう考え方は、少なからずエゴなんじゃないかな。そもそも、生きているかもわからない遠い将来のことを基準にして今の現実を生きても意味がない。と、私は思う。

私にだって、寂しい夜はあります。例えば、予定が流れて空白になった日。そういうときに限って友だちは誰もつかまらなくて、大人しく家で一人過ごす夜。「私は一人でいるけど、今頃みんな遊んでるのかな。暇だな、寂しいなあ」って。

でも、それはただそう思うだけ。それ以上、思考は深めないことにしている。そこを掘り下げていっても、どこにもたどりつけないから。漠然とした心細さや不安、

寄る辺のない気持ち、そういう敏感になっちゃいけない感情しか出てこないから。

孤独が怖いから、みんな誰かと一緒にいようとするけど、孤独を埋める絶対的な存在なんて、そもそもどこにもない。

「友だちがいれば孤独じゃない」——友だちが結婚したらどうするの？
「結婚して家族ができれば孤独じゃない」——夫が、子どもが、先に死んだらどうするの？　どんなに愛していても、同じタイミングで死ぬことはできない。

人間は、本質的に孤独な存在だと思う。家族だって恋人だって、四六時中ずっと一緒にいるわけにはいかない。ＬＩＮＥの既読がつくまでは相手とつながっていないし、一人で寝室にいるときは誰でもみんなひとりぼっちだ。

だからって、孤独だと思わなくていい。寂しい夜は、寝るほかない。それ以上、考える必要はない。

向き合う必要のない感情もある。敏感になっちゃいけない、底なしの孤独とか。
それは見なくていいし聞かなくていいから、前だけ向いて生きていく。

考えないためのトレーニング

「どうしたら悩まなくなるか？」

それに対しての私の答えは、「悩むのをやめる」だ。

それができたらそもそも悩んでないって話だけど、でも、歩いていて息が切れたら、歩くのをやめる以外に息切れを止める方法ってないじゃない？

悩むのをやめるためには、その問題について〝考えないようにする〟ことが、一番シンプルな解決法だと思う。


〝考えないようにする〟ためには、トレーニングが必要だ。

まずは、一人で考え込まずに、趣味に逃げるのが手っ取り早い。本を読む、音楽を聴く、YouTubeを見る……なんだっていい。日中だったら、ひとまず外に出てみる。値段を気にせずUber Eatsを頼む、なんてのもいい。大事なのは、自分で自分の気をそらして、考え続けないこと。

私は、暗い気持ちになってきたら、カレンダーをながめて楽しみにしている予定を見返している。「明日は待ちに待った花火大会だ」とか「来月は友だちと韓国旅行だ」とか、楽しいことに意識を向けて、切り替える。「来週は友だちとランチだから、そのとき話を聞いてもらおう。ＯＫ、終了！」って感じで。

慣れないうちは、ルーティンを作っておくといいと思う。悩み出したときに観る用の映画を決めておいたり、悩んだらとりあえず腹筋30回するっていうルールを作っておいたり。「ぐるぐる考え始めたらこれをする」が決まっていたら、取りかかりやすい。

そのためには、日頃から備えておくことも大事だと思う。私は、常に友だちとの予定をたくさん作って先々まで詰め込んでいるんだけど、それは、楽しいことが多いほうが、気持ちを切り替えやすくなるから。

悩んだときにいつでも電話できるような頼れる友だちも、一朝一夕では現れない。だから、逆の立場のときに友だちの話をちゃんと聞いてあげるとか、普段からの相手に対する態度や接し方も重要なんだよ。

考えないトレーニングを続けた結果、最近ではスケジュール帳を開かなくても、頭の中だけで切り替えられるようになってきた。

考えない、に関しては、私、自信があります！

欲しいものを手に入れる たったひとつの方法

久しぶりに、ナンバーワンじゃなくなった。
でも、ナンバーワンじゃない自分も嫌いじゃないし、ナンバーワンじゃなくても、私は幸せだ。

他人から見たら、「落ちた」みたいに見えるのかなとも思うけど、私の中では必然というか、ちゃんと理由がある。去年は1番でいるために自分なりにがんばったけど、今は仕事に使っていた時間でプライベートが充実しているし、去年から始めたアパレルのお仕事も同じくらいがんばりたいから、お店の出勤回数も少し減らしてもらっている。

人って、何かを得れば何かを失うようにできていると思う。逆も然り、何かを得ようとすることは、何かを捨てることでもある。

例えば、子どもを産んで母親になるということは、それまでの母親ではなかった自分を捨てるということでもある。何も失わずに得られるものはない。すべてを手に入れることは不可能だし、それを求めることは、傲慢で、滑稽だ。

でも、実際に、仕事で成功していて、お金もあって、やさしい旦那さんがいて、かわいい子どもにも恵まれていて……そういう人もいるじゃん、って思う？　何もかも持っているその人のように、すべてを手に入れたいって思う？

本当にそうだろうか。すべてを手に入れたように見えるその人は、実際には、とても多くのものを捨ててきた人なのかもしれないよ。

捨ててもいいものの判断がつかなくなると、本当に手に入れたいものを見失う。あれもこれも全部欲しいと思っていたら、本当に欲しいものは手に入らない。すべてを持っているように見える人は、これまでの人生において、本当に欲しいものだけを選んで、あとは潔く捨ててきた人たちだ。

欲しいものを手に入れていく人って、見境なくすべてを欲しがらない人だったりする。

私は最強

思い込みはいつの日か本当になってしまうから、思考にはいつも気をつけている。

私は、運が良い。「私、神に愛されてる！」と思い込んでいる。

自分のことを運が良いと思っていると、自分に起きた良いことに目がいくようになる。仮にアンラッキーなことがあっても、「普段、運が良すぎて今回使えなかったわ」という発想になるから、基本的に前向きだ。

同じ原理で、逆の現象も起きる。

「自分は運が悪い」と思っていたら、悪いことにばかり注目するようになる。実際は、誰にだって良いことも悪いことも起きているのに。

例えば、男運がない、愛されていない、不幸体質だ……そんなふうに自分を下げて捉えていると、男性に対してご機嫌をうかがって媚びたり相手のペースに合わせたりしてしまう。

人間って無意識のうちに自分より上か下かを判断して接しているから、その瞬間に相手に上から来られる。そもそも、ポジティブな人のほうがモテるし。

「思い込みが激しい」ってネガティブな意味で使われがちなフレーズだけど、ネガティブな方向に思い込むからそうなるだけで、その思い込みがポジティブな方向に働けば最強なのだ。

地獄を生み出しているものの正体

プロバイダから開示された住所は、長野県の名前も聞いたことのない町だった。

SNSであまりにもひどい誹謗中傷が続くときは、発信者情報開示請求をかけることがある。そのとき開示されたのは、長野の山奥に住む50代の主婦だった。

もちろん、会ったことはない。長野から通っているお客様もいない。これまでも、そしておそらくこれからも、まったく接点が思い浮かばない。自分の人生に関わることなどないであろう人間に対して、あれだけ執拗に罵詈雑言を書き連ねていたのか……。そう考えると、その人が抱える闇の深さに目眩がした。

自分が持っていないものを持っている人を見て、勝手に不幸になってしまう人がいる。その人が失ったものは見ようとせず、その人が手に入れたものばかりに目がいく。ふと、青山美智子さんの『お探し物は図書室まで』という小説の中にある一節を思い出した。

〝独身の人が結婚してる人をいいなあって思って、結婚してる人が子どものいる人をいいなあって思って。そして子どものいる人が、独身の人をいいなあって思うの。ぐるぐる回るメリーゴーランド。おもしろいわよね、それぞれが目の前にいる人のおしりだけ追いかけて、先頭もビリもないの。〟

その人にはその人なりの苦しみがあるということを、自分が苦しんでいるときには、忘れがちだ。

長野に住んでいる50代の主婦が、何を思ってわざわざ私のＳＮＳを見に来て、わざわざ自分の時間を使って、おびただしいまでの悪意を私に向けていたのか、今でも定かではない。

ただ、願わくはその時間を、あなたとあなたのまわりの人を幸せにすることに使ってほしかった。

自分で地獄を生み出してはいけない。完璧なんて存在しないんだから。

1枚の写真ではなく、自分の人生のために

写真なんて、いくらでも加工すればいいと思う。

今となっては、もう無加工のノーマルカメラで写真を撮る女の子のほうが少ないかもしれない。そもそも、写真って実物よりもちょっとブサイクに写るし、ちょっと太って写る。……気がするよね？

一方で、だからこそ「ノーマルカメラでもかわいい人が、本当にかわいい人」なんてことを言う人もいる。わざわざ「※ノーマルカメラです」なんて但し書きを入れたりして。

でも、写真を優先しすぎると、化粧が濃くなりすぎたり整形感が強かったりして、肉眼で見ると少し怖い印象になりがちだ。別に私たちはアイドルじゃないんだから、過剰に写りを気にしなくていい。実物がかわいかったら、それでいいのに。

今はそんなことを言っている私も、自分が10代の頃には、激しいコンプレックスを抱いていた。実際、整形もした。でも今は、自分の顔に諦めがついてきた。

それは、「なぜかわいくなりたいのか？」という問いに対して、自分の中で折り合いがついたから。

私がかわいくなりたかったのは、選択肢を増やすためだった。職業にしてもパートナーにしても、もちろん顔がすべてではないけど、自分が選べる幅は確実に広がるし、選択肢は多いに越したことはない。選択肢が多いことと幸せであるということは、まったく違うけど。

今のお店に入ってから、8kg痩せた。そのときは、仕事のためという明確な目的があった。まわりの女の子のレベルを見て、もう一段上に行こうと思ったら、今より体を絞る必要があると感じたから。ゲームで装備を強化する感覚に近い。

ただ、今ダイエットや整形を考えている子に言いたいのは、「痩せたら幸せになれる」「かわいくなったら嫌なことがなくなる」と思っているなら、気をつけたほうがいいということ。痩せることだけ、かわいくなることだけが目的になると、逆に幸せからは遠ざかってしまう。

「〇キロ痩せて人生変わった！」「整形したら扱いが違う！」

ＳＮＳに流れてくる広告やプロモーションには、見た目が変わって人生が激変したシンデレラストーリーを謳う文言が並んでいる。だけど、美しさと幸せはイコールじゃない。マネタイズのための誇張表現だということがわかっていても、若い子たちがこれを見てどう思うのか、少し心配になる。

8kg痩せた私は、指名も似合う服も増えた。でも、私のことを好きでいてくれる人は、私の体形や体重を褒めてくれるわけじゃない。私より痩せている子も私よりかわいい子もいくらでもいるし、体重は当時より少し増えたけど、それでも私を好きでいてくれる人は、ちゃんといた。

痩せることですべての悩みが解決するわけじゃないし、整形は人生の逆転を約束してくれる魔法の杖じゃない。かわいい人は幸せに見えるかもしれないけど、かわいくなることは幸せのメソッドじゃない。

ずっと下書きのままになっている話

夜景の見えるレストランでバラの花束とハリー・ウィンストンの指輪をもらって、ウェディングドレスを着てみんなに祝福されて、新婚旅行でモルディブのシュヴァルブランランデリに泊まる……までが結婚じゃないんだよなあ。

そこまで書いて、投稿せずにそっと下書きにしまった。

インスタライブをすると、ほぼ必ずといってもいいほど聞かれるのが結婚についてのあれやこれや。特に「結婚したいですか?」と聞かれるたびに、私は首をひねってしまうのだった。この質問、どうも私には、いまひとつ意味がわかりかねる。「何歳までに結婚したいですか?」とか、「結婚願望ってありますか?」とか。よくある質問だっていうのはわかるんだけど、「したいですか?」と問われると、なんと答えてよいやら。それでつい、「あなたは結婚したいですか? なんで結婚したいんですか?」と逆に質問してしまう。

特に理解できないのが、「結婚したくて相手を探している」というパターン。「今付き合っている人と結婚したい」なら、わかる。でも、ただ「結婚したい」っていうのは、どういうことなんだろう？

そもそも、「結婚」に対するイメージが、人によって違う気がする。「結婚したいですか？」そう質問してくる人にとっての結婚って、結婚式だったりウェディングドレスだったり、『ゼクシィ』を開いたときに載っているものなんじゃないかな。そういうキラキラしたもの、いわゆる結婚のハイライト的なものって序盤に集約されているけど、それって本来プロローグにしか過ぎなくて。他人同士が夫婦になって、家族を作って、これから死ぬまで一緒に生きていく。それこそが本番だし、それは、それなりに深く、そして重い。

お前が言うな。どこからかそんな声が聞こえてくる気がして、あの下書きは、今も下書きのままだ。今、私が言うべきじゃない言葉もある。でも、ＳＮＳじゃなくて自分の本だから許してね。

人生は○×クイズじゃない

もしかしたら、私もこんなふうになっていたのかもしれないな。

アメリカのＬＡに向かう機内で、客室乗務員さんの颯爽とした働きぶりを見ながら、ふと昔を思い出した。

キャビンアテンダントになりたかった。別に深い意味があったわけではない。東京に出てきて、東京に住めれば、なんでもよかった。

もしもＣＡ志望のまま就活を続けていたら、私は今頃、何をしていたんだろう。

もしも大学生に戻れるとしたら、今、私はどんな道を選択するんだろう。

でもそれは、戯れの思考実験みたいなものだ。誰も選ばなかった道の先に何があるかなんて、神様にだってわかりっこないのだから。

人生には、いくつものターニングポイントが存在する。人は、得てして選ばなかった道の先を見た気になって、後悔しがちだ。今の人生が上手くいっていないなら、なおさら。でも、「選択肢が2つあったからといって、結果も2つあるとは限らない」ということは、意外と見落とされているように思う。

例えば、一流企業の会社員が、悩んだ末に独立して起業する道を選んだとする。それで上手くいかなったとしたら、「やっぱり安定した人生を取るんだった」と、後悔するかもしれない。でも、そのまま残っていたとしても、会社で何が起きるかはわからない。とんでもないミスを起こして、なんの覚悟もないままにクビになっていたかもしれない。

起業して失敗したとしても、ビジネスを始めたからこそ出会えた人たちもいるだろうし、その経験が次のチャンスにつながっていくことだってある。ターニングポイントの後にも人生は幾重にも枝分かれして、そこから派生したほかの結果をすべて見なければ、本当の意味で成否はジャッジできない。

不幸の反対が幸せとは限らないように、2択のどちらが正解なんてない。「あのときこうしていれば」とどんなに後悔しても、選ばなかったもうひとつの道が幸せだっていう保証なんて、どこにもない。なんなら、両方失敗していた可能性だってある。人生は、○×ゲームではないのだから。

私は今まで自分がしてきた決断を後悔したことはないけれど、ふと、あれでよかったのかと考え直すことはある。

考え直すたびに、あのときの私の選択を正解にするのは、これからの私しかいないと、自分を奮い立たせる。すべては私が決めること。

第8章

絶対幸せになるんだって決めた夜に

あなたが、あの日の私たちが、どうかいつまでも幸せでありますように

いっとき深く結びついては、ふっと離れて霞のように消えていく。縁とは、強いようでいて儚いものだ。そして、ある日思い出すんだ。「あの人に会ったのは、あのときが最後だったのか」って。

彼女に、彼に最後に会ったのは、何年前のことだっただろう。

私の夜職としてのキャリアは、とてもキャバクラとは呼べない、地元のスナックみたいなお店から始まった。Hちゃんと出会ったのは、桜前線が愛媛県を通り過ぎていった後の、春の日の夜だった。

入店時期も年齢も近かったから、すぐに打ち解けた。それぞれ別のキャバクラに移った後も、仕事終わりに二番町のバーで落ち合っては、よく語り合ったものだ。お互いのことはなんでも知っている、そういう仲だった。

Hちゃんには、その頃の、そして今でも私の趣味であるパン屋巡りに、よく付き合ってもらった。JR松山駅から見てもう少し重信川の上流のほうに『himari』というパン屋さんがあって、そこの「バブカ」というパンが大好きだった。バブカは、デニッシュ生地にゴロッとしたチョコが練り込まれたスイーツ系のパンで、今もこのパンを買うとHちゃんのことを思い出す。

私が留学したり、その間に彼女にも彼氏ができたりして、あんなに仲が良かったのに、なんとなく疎遠になってしまった。最後に会ったのは、私が上京する直前。それから5年間、一度も会っていない。

キャバクラは出会いと別れを繰り返す場所だから、一時期よくいらしていたのに、いつの間にか疎遠になってしまうお客様も多い。Sさんとは、上京当時、私がまだ前の店で名もなきキャバ嬢だったときに出会った。

その日は、早上がりするつもりが「最後に、あの人にだけついて」と言われ、渋々卓についた。Sさんは、ジャケットも着ずに無造作にワイシャツの袖をまくっていて、いわゆるどこにでもいそうなサラリーマンに見えた。正直、お金を持っていそうには、まったく見えなかった。でも、やっぱり人を見かけで判断してはいけないね。Sさんのお仕事はお医者様で、とても気前がよく、しかも紳士的できれいな飲み方をするお客様だった。

席についたらすぐに指名に切り替えてくれて、いきなりクリュッグを3本おろしてくれた。今のお店では「きほちゃんといえば、シャンパンはラベイ」というイメージだけど、愛媛から上京したてのモブキャバ嬢にとって、クリュッグは十分に高価なお酒だった。

それからもSさんは、お店に来るたびに必ずクリュッグを3本頼んでくれた。今思えば、六本木の夜で生きていく自信をくれたのは、Sさんだったのかもしれない。高いお酒をおろしても、私に飲むことを強要するような人ではなかったし、とにかくやさしかった。それでいて、私に見返りを求めてくることもない、神様みたいな人だった。ユーモアがあって、話がおもしろくて、私はSさんがお店に来る日が楽しみだった。

お店に通ってくれたのは、ほんの2カ月くらいの間だった。Sさんが顔を出さなくなった頃に私も店を移って、それっきり会ってはいない。

ただ、3年くらい経って、ひょこっとLINEが届いたことがあった。「奥さんが、きほちゃんのインスタをフォローしてました」って。

しかも、「夫婦揃って趣味がいいっていうことですね」みたいな、ちょっと気の利いたことが書いてあって、そういうところ変わってないなって、懐かしい気持ちになった。夫婦で仲が良さそうな様子も伝わってきて、Sさんが幸せそうでよかったって、私は心から言える。

今は疎遠になってしまった人たち、みんなどうしているかな。

私のことを恨んでいてもいいし憎んでいてもいいし、すっかり忘れてくれていてもいいから、どうか幸せでいてほしい。余計なお世話かもしれないけど、一度は出会い、笑い合ったあの時間は、きっと嘘じゃなかったはずだから。

エクレアと座右の銘

「いつも人の幸せが願えるくらいに、幸せでいてね。それだけが望みよ」

大好きなおばあちゃんは、いつもそう言ってくれる。今では、私の中にすっかり根をおろして、生き方の指針のひとつになっている言葉だ。

おばあちゃんは、控えめにいって天使だ。いつもニコニコしていて、みんなにやさしい。おばあちゃんが怒ったり声を荒らげたりする姿なんて、見たことがない。やさしい人だってわかるのか、猫まで寄ってくる。おじいちゃんとも仲が良くて、今でも2人で映画を観に行ったりしている。そういうところも、素敵。

私は昔からおばあちゃん子だったし、家も近かったから、小さい頃からよく泊まりに行っていて、寝るときに本の読み聞かせをしてもらうのが楽しみだった。

おばあちゃんの作る豚の角煮と鶏ささみのチーズカツは、私の大好物だ。今も泊まりに行くとよく作ってくれる。そして、私が食べる姿を嬉しそうにずっと見ている。何がおもしろいのかなと思って「なんでそんなニコニコしてるの?」と聞くと、「だって、かわいくて」と、これまた嬉しそうに笑うのだった。

高校生の頃、ローソンで期間限定のエクレアが発売された。すごく楽しみにしていたのに、近所の店舗では売り切れていて買えなかった。それなのに、次の日テーブルの上にその限定エクレアが山積みになっていた。がっかりしている私を見て、おばあちゃんがローソンを5軒くらいハシゴして買い集めてきてくれたらしい。あのエクレアは、幸せの味がした。

私は人を喜ばせるのが好きなんだけど、それはおばあちゃんに似たんだと思う。おばあちゃんが私にしてくれたことが、いつもすごく嬉しかったから。

自分が幸せじゃなかったら、誰かの幸せは願えない。人の幸せを心から祝福できる人でいられるように、今日も私は、自分で自分を幸せにしてあげたい。

「いつも人の幸せが願えるくらいに、幸せでいてね。それだけが望みよ」

おばあちゃんとのこの約束は絶対に守るし、これからも、私のお守り。

✴ よかったら、お花をどうぞ

なるほど、入り口でお花を配っていたのはこれだったのか。

この前、銀座のデパートで買い物をしたら、お花の引換券をもらった。一人一輪、バラがもらえるみたい。

私は花が好きだから、るんるんで引き換えに行ったんだけど、結局もらって帰ることはなかった。そこで、お花をながめていたおばあさんに引換券を譲ってあげたから。

お花の残りはそんなに多くはなかったし、おばあさんは引換券を持っていない様子だった。お花、欲しかったけど、一昨日リビングに飾ったトルコキキョウはまだ元気だし、ま、いっか。

「もしよかったらどうぞ。今、並ぶ時間がなくて」引換券を渡したら、「あら、いいの？　ありがとう」って、おばあさんはとても喜んで受け取ってくれた。

その日は一日、いい気持ちで過ごした。

誰かを喜ばせることができると、私は相手以上に嬉しくなる自信がある。

一日にひとつでもいいから、自分よりほかの人を思った行動ができるようにしたいと思っている。その積み重ねで自分のことを少しでも誇れるなら、それだけで十分だ。

もし自分のほうを優先したくなったときは、「あ、ダメダメ！」って思うようにしている。話していて意見がぶつかりそうになったとき、すっと引くのも、そう。誰かに何かを譲るって、悪くないよ。

小さな得を取るよりも、小さな我を通すよりも、少しだけ今日を気分よく過ごせるから。

私なりの読書のすすめ

今、あなたがこうやって私の本を読んでいることも、知識と言葉と経験を獲得している過程といえる。

お客様からおすすめされた、村上春樹の『世界の終りとハードボイルド・ワンダーランド』を読みながら、「音場」という言葉をスマホで検索してみた。「おんば」、あるいは「おんじょう」とも読むそうだ。音楽が聞こえてくる空間のこと。音が鳴っている場所の広さを意味する。ヘッドホンでは音の広がり具合や空間性を表し、音場が広ければ広いほど、臨場感のあるサウンドを楽しめる。へえ、そういう意味だったのか。ヘッドホンを買うときは、音場というものも意識してみよう。またひとつ、私の中に新たな言葉が入ってきた。

本を読むと、知らない言葉に出会える。せっかくの出会いを無駄にしないように、わからない言葉に出会ったらすぐに調べて記憶に残すようにしている。

自分の中に言葉が増えていくと、本や映画、そして会話、あらゆる言葉を介した表現の中から、すくい取れる情報量が多くなる。語彙力が上がれば、コミュニケーションも上手になる。

嬉しいという感情を「嬉しい」という言葉以外で表現し、好きな人に対して「好き」という言葉以外で愛情を伝えられるようになる。

小説は、登場人物を通して自分とは違う価値観に触れられるし、さまざまな人物の人生を生きることができる。文章が、今自分が見ている景色さえも変える。本を読むだけで、視野が広がる。

もし自分の経験だけで同じことをしようと思ったら、留学にしても旅行にしても移住にしても誰かとの食事にしても、膨大な手間と時間と、そしてお金がかかる。

だから私は、時間がなくて忙しい人にこそ、読書をおすすめするのだ。


残りページが少なくなってきた。本を読み終えるのは、いつも少しだけ寂しい。

もう少しだけ、半径を広げて

私は、ＩＳＦＰ。性格を16タイプに分ける、ＭＢＴＩ診断の話だ。

ＩＳＦＰは、「冒険家タイプ」らしい。争い事が嫌いで、感情豊か、好奇心旺盛な性格といったところだが、確かに思い当たる節がある。「流れに身をまかせる気質」「長期的な計画を立てるのは苦手。計画通り実行するのはもっと苦手」なんて、私そのものだ。

そのときやりたいことはあっても、遠い将来どうなりたいか、夢とか目標みたいなものってない。いつでも、今、この瞬間を精一杯生きている。明日死んでも、悔いはない。ちょっと、言いすぎたかも。要するに、私の生き方は刹那的だ。瞬間、瞬間の積み重ねだけが人生だと思っている。

刹那的っていっても、何も考えていないわけではない。

ISFPな私は、自分が良くも悪くも感情に振り回されやすいタイプだと知っている。友だちの中ではすぐ泣くキャラだし。悲しくてとか寂しくてじゃなくて、酔っぱらって楽しくなると、すぐに「仲良くしてくれてありがとう！　みんな最高！」みたいになっちゃう。ただの女子会でもそうなんだから、これがバースデーともなったら、毎年、号泣している。男性に対して冷めてるイメージがあるからなのか、意外っていわれることもあるけど、実は感情豊か。

自分がそういうタイプだっていう自覚があるからこそ、どうやったら感情がコントロールできるかって考えて生きているし、結果的にそれが上手くなった部分もある。

最近、MBTI診断の質問項目が変わったというので、試しに改めて診断してみた。新バージョンでは、INFPでした。「仲介者タイプ」らしい。

INFPは、これはこれで納得できる。共感力が高く、人助けが自分の使命だと感じているところ。理想主義者で、無理だとわかっていても、できる限りいい世界にしたいと願っている、博愛的なところ。

「半径30メートルの人を幸せにしたい」と、思って生きている。読んでいた本には、「半径3メートルの人を幸せにしよう」と書いてあったけど、私は30メートル。
世迷い言に聞こえるかもしれないけど、みんなが隣の人を幸せにしようと思って生きていれば、世界は良い方向へ進んでいくと信じているし、戦争だってなくなるって、結構本気で思っている。

全世界を襲った新型コロナウイルス感染症は、私たちの生活に大きなダメージを与えた。人と人との距離は、どんどん離れていった。でも同時に、利己的な生き方から利他的な生き方へと時代の流れがシフトする転換点にもなるんじゃないかと思っている。行動制限や予防対策は、見知らぬ他者のためを思わなければできなかったことだから。

みんなも、幸せにしたい人の半径を少しだけ広げてみて、「自分が決めた半径の中にいる人を幸せにしたい」そう願って行動してみて。
利那的に、そして博愛的に。

来年もよろしく

年末年始は、実家に帰るようにしている。私の故郷は、愛媛県の松山市だ。

松山城の城下町として栄えた愛媛県の県庁所在地で、道後温泉や夏目漱石の小説『坊っちゃん』の舞台としても知られている。松山城を中心に街が広がり、お城をぐるっと一周するように、伊予鉄道の路面電車が走る。ど田舎というほどではないけれど、いわゆる主要な地方都市に比べると、やや見劣りする。それでも、そここそ快適な都市機能と田舎の長閑さを兼ね備えた、住み心地の良い街である。

海外で年越ししたこともあるけど、松山市駅で「くるりん」（いよてつ髙島屋の屋上にある観覧車）を見ると、やっぱり妙にほっとした気持ちになる。

実家に帰ったからといって、何も特別なことはしない。大晦日に家族みんなで焼肉を食べて、元旦は少しだけゆっくり起きて、おせちとお雑煮を食べたら、初詣へ向かう。参拝するのは、近くの護国神社と決まっている。

学生時代は、友だちみんなでカウントダウンして、そのまま夜中の護国神社に行くのが恒例だった。参道近くの小さな出店で高校時代の先輩につかまって、安い日本酒を飲まされたこともあったな。今は結婚して家庭がある子も多いから、大晦日に友だちで集まることもなくなった。

この故郷も、何も変わらないようでいて、月日が流れている。

新しい年を迎える瞬間は、私にとって気持ちをリセットできるタイミングだ。暦なんて人が決めたシステムだから、その一日で何かが変わるわけではないのに、なぜか新しい気持ちになる。せっかくなら、その機会を大切にしたいと思う。

今年もなんとか生き抜いた。陰で泣いた日もあったし、ずるいこともした。お腹が痛くなるくらい笑った日もあった。人にやさしくできた。

1年間、お疲れ様でした、私。また1年、笑って過ごせますように。すべての人が、幸せでありますように。

今、生きてここにいることが「私は強い」という証明

Rちゃん（株式会社ariu代表取締役社長、YouTuber）

きほちゃんと初めて会ったのは、まだ焼けるような日差しが照りつけていた、暑い夏の日だった。思っていた通りの、キラキラした笑顔が眩しい美しい女の子だと思ったことを、よく覚えている。

きほちゃんのことを「可愛すぎるキャバ嬢」として知った人も多いと思う。私も、そのうちの一人だ。激戦区の六本木で12カ月連続でナンバーワンを獲得し、ある月の売上が1億3000万円を超えたという、超がつく売れっ子だ。

でも、きほちゃんの魅力の本質は、ルックスでも売上でもないと思う。もちろん実際に会ってみて改めてとんでもない美人だと思ったし、彼女の仕事での成功に疑いの余地はないのだけれど、それでもきほちゃんを語るには〝言葉〟が不可欠だ。きほちゃんのSNSをフォローしている人なら、きっと同じことを思っているよ

ね。

どんなにいい言葉でも、中身がともなっていないと「お前が言うなよ」になってしまう。でも、きほちゃんの言葉は、不思議とすっと腑に落ちる。もちろん、それだけの実績があるという背景もそうだし、文章や言葉選びのセンスも抜群なんだけど、きっとそれだけじゃない。私には、ずっとその理由がわからなかった。

その疑問は、きほちゃんと直接お会いする機会を得て、あっさり解けた。いわゆる圧みたいなものが、まったくなかったの。目の前に現れた瞬間「これはナンバーワンだわ」って直感でわかるくらい、本当にきれいでオーラがあって、それなのに高圧的ではなくて親しみやすさがあった。女性ながらに、この人にならば貢ぎたくなるなって、ナチュラルに人を虜にする素質があるんだと魅了された。

自分自身の魅力で勝負するお仕事って、数字として評価されてしまうことも多い世界だから、どうしても無意識に相手をライバル視したり自分を強く見せたりしようとする人はたくさんいる。でも、きほちゃんにはそういう敵意がまったく感じられなかった。それは、きほちゃんが人と比較するわけではなく、ただ、自分が見て自分が信じるものを貫いているからだ。ＳＮＳの投稿にしても、「別に伸びても伸びなくてもどっちでもいいです」って思っているんじゃないかな。

きほちゃんとは、3年ほど前からSNSを通して相互フォローする関係だ。DMのやりとりはあったものの、実際に対面したのは、私のYouTubeチャンネルに出演してもらったときが最初だった。その後、改めてランチにも行った。

話しやすい雰囲気を作ってくれて、相手が欲しい言葉を疑いも嘘もなく自然と言えるから、一緒にいてとても居心地がいい。それこそ、いい意味で他人に興味がなくて「私は私」という軸がしっかりあるからなんじゃないだろうか。ほかの何かを引き合いに出して自分を大きく見せなくても、しっかり立っていられる自信。

だから、きほちゃんの言葉は私たちの心にまっすぐ届くのだ。

「人に興味を持ちすぎない」とか「人が離れていくことを恐れない」みたいなところは、私にも似ているなって思って少し嬉しくなった。でも、どちらかといえば反対なことのほうが多くて、それもまたおもしろかった。

私と違って恋愛の優先度は低めで、本当に楽しそうに推し活の話を聞かせてくれた。推しを語るときのきほちゃん、キラキラ目が輝いててかわいかったな（笑）。

落ち込んだときの自分の立て直し方も、全然違う。私はメンヘラだから、それはもう週に一度は気分が萎える。ときに、世界に絶望する夜すらある。そんなとき私は、家に引きこもってひたすら自分と向き合う時間を持つことにしている。一方、きほちゃんは外に出てとにかく行動することで、気持ちを切り替える。

でも、そうやって乗り越えてきた時間こそが自分を強くするということを、私たちはお互いに知っていた。新しい対処法を試せるっていう意味で、私は病むことを前向きに捉えている。きほちゃんも、きっとそうなんだと思う。

「自分を奮い立たせるのは、いつだって今まで乗り越えてきた過去の記憶だ」

きほちゃんの言葉、彼女が発信する言葉は、私たちに目の前の壁に立ち向かう勇気をくれる。今の私たちを支えているのは、あの夜を乗り越えてきた自分だ。

人は、一人一人、自分の人生を生きている。きほちゃんもそうだし、私もそう。今、これを読んでいる、あなたも。この本は、そんな私たちにとって、きっと自分自身を見つめ直すきっかけになる。だから、読み終わった後に探してみてほしい。

自分だけの、明けない夜の乗り越え方を。

おわりに

窓の外が白み始め、鳥のさえずりが聞こえてきた。もうすぐ夜が明ける。
昨日、そして今日は、あなたにとってどんな夜でしたか？　それは、楽しい夜でしたか、悲しい夜でしたか？　もしかして、泣いていましたか？

生きづらい世の中だといわれています。少しでも生きやすい世の中に、なんて大それたことは言えないけれど、今を生きているあなたが、せめてこの夜くらい乗り越えられたらいいなと思って、ここまで書いてきました。
だから、今日からもまた、生きづらい私たちの日々は続いていきます。この世界に蔓延る「女の子だから」に込められた呪いが消えるわけではありません。

私の場合は、「女の子だから」で得られたものも大きかった。それは、否定しない。女性に生まれたことのデメリットもたくさんあるから、そのぶんメリットも享受しないと割に合わないと思って、生きてきた。

それでも、「女の子だから」っていう声に反発したくなる日もあるし、「女の子だから」こそルッキズムに苦しめられる日もあった。声高に〝らしさ〟の押しつけはやめましょう、といわれるようになった今も、女の子ならかわいくないといけないという意識は、悲しいかな私の中にも存在している。

それは、私たち自身が自分たちにかけている呪いなのかもしれない。

「女の敵は女」という言葉は好きではないけれど、自分たちで呪いをかけ合っている面は、確かにあると思う。そこから逃れるのはほとんど不可能に近いことだけど、生きている中で感じる、この苦しみや、この痛みは、その呪い故だと知っていれば、出口のない迷路に迷い込むことだけは避けられるかもしれない。

＊
＊
＊

さて、まずは最後までお付き合いいただけたことに、心から感謝します。ありがとうございます。私たちは、またひとつ、明けないはずの夜を乗り越えることができたみたいです。もしあなたが、この本を読んでひとつの夜を越えてくれたのなら、私にとって、こんなに嬉しいことはありません。

でもね、これまでもきっと、あなたは幾度もの明けない夜を乗り越えてきているのだとも思う。誰も知らないところで一人、つらくて、悲しくて、悔しくて、怖くて、それでも精一杯の気力を振り絞って、明日を生きるために今日を精一杯生き抜いてきたんじゃないのかなって。

大切な人との別れ、大好きな人の裏切り、ときに投げやりになった夜があっても、叫びだしたい気持ちをこらえて、なんとかここまで生きてきたんだと思う。

自分の人生から逃げずに正面から向き合って生きていれば、人とぶつかることもあるし、傷つくこともある。無力感に苛まれることだってある。「大丈夫?」って聞かれたら、大丈夫なんかじゃなくったって、あなたはきっと、心配してくれた相手のことを思って「大丈夫だよ」って答えるんだと思う。

私もそうだった。何度も裏切られてきたし、何度も悔しい気持ちになってきた。泣き喚いて誰かに抱き締めてほしいのに、誰にも頼れなくて「平気だよ」って顔して笑ってきた。この本を手に取ってくれた人はきっと、そんな夜をやり過ごしてきた人たちだと思う。あなたも私も、本当によくがんばったよね。

そんなあなたに、私は言ってあげたい。この夜を乗り越えたら、明日は今日より少しだけ良くなっているよ、明後日はもっと良くなっているよって。

だからね、今は泣いたっていい。私は弱いんだって叫んでもいいよ。生きていてくれるなら、それだけでありがとうって私は思う。

人はみんな孤独だ。でも、同じように一人でこの夜を乗り越えようとしている人がいることを思うと、私はとても心強い。だから、たとえ誰かが隣にいなくたって、独りなんかじゃないっていうことを思い出してほしい。誰も褒めてくれなくても、慰めてくれなくても、私はこの本を手に取って、ここまで読んでくれたあなたの味方でいたい。そのことは、忘れないでほしい。

私はずっと弱さを忘れない。強くなるための努力もやめない。だから、あと少しだけ、あなたも一緒にがんばってくれたら嬉しい。

苦しい夜を乗り越えたぶん、幸せな瞬間を重ねよう。幸せになることを諦めずに生きていこうね。それが、私からあなたへのお願いであり、希望です。

見える世界は広く、抱える世界は狭く、だよ。

著　きほ
装丁・本文デザイン　西垂水敦・内田裕乃（krran）
撮影　田口まき
ヘア　たけちゃん
メイク　後藤若菜（ROI）
スタイリング　斉藤理歩
DTP制作　市岡哲司
校正・校閲　入倉さち子
取材・構成　ささきみどり
企画協力　渕上雄一（Jubilee）
編集担当　阿部泰樹（イマジカインフォス）

明《あ》けない夜《よる》はないって言《い》うけど、夜《よる》が明《あ》けるまでの過《す》ごし方《かた》を誰《だれ》も教《おし》えてくれない。

2023年12月31日　第1刷発行
2024年 3 月31日　第2刷発行

著者　きほ
発行者　廣島順二
発行所　株式会社イマジカインフォス
〒101-0052　東京都千代田区神田小川町3-3
電話 03-6273-7850（編集）

発売元　株式会社主婦の友社
〒141-0021　東京都品川区上大崎3-1-1 目黒セントラルスクエア
電話 049-259-1236（販売）

印刷所　大日本印刷株式会社

　ISBN978-4-07-456059-2

■本書の内容に関するお問い合わせは、イマジカインフォス企画制作本部（電話03-6273-7850）にご連絡ください。
■乱丁本、落丁本はおとりかえいたします。主婦の友社（電話049-259-1236）にご連絡ください。
■イマジカインフォスが発行する書籍・ムックのご注文は、お近くの書店か
主婦の友社コールセンター（電話：0120-916-892）まで。

＊お問い合わせ受付時間　月～金（祝日を除く）10:00～16:00
イマジカインフォスホームページ　https://www.infos.inc/
主婦の友社ホームページ　https://shufunotomo.co.jp/

KERASTASE

武道館
朝井リョウ
モモ
ヘルタースケルター

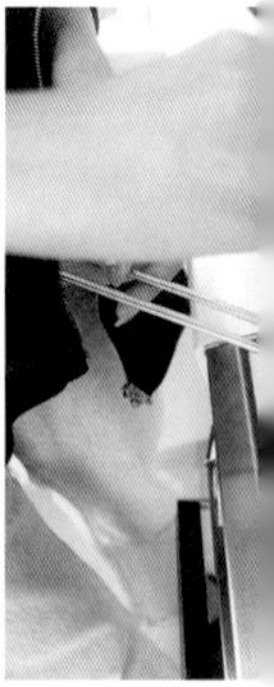

花